家庭教育的力量
——来自清华北大的38封家书 ①

成长的秘密

闻道清北 编著

中国华侨出版社
北京

图书在版编目（CIP）数据

家庭教育的力量：来自清华北大的 38 封家书. 1，成长的秘密 / 闻道清北编著. -- 北京：中国华侨出版社，2022.1
ISBN 978-7-5113-8718-9

Ⅰ.①家… Ⅱ.①闻… Ⅲ.①家庭教育 Ⅳ.① G78

中国版本图书馆 CIP 数据核字（2021）第 249466 号

家庭教育的力量：来自清华北大的 38 封家书. 1，成长的秘密

编　　著 / 闻道清北
责任编辑 / 江　冰　桑梦娟
封面设计 / 今亮后声
经　　销 / 新华书店
开　　本 / 880mm×1230mm　　1/32　　印张 / 12.75　　字数 / 233千字
印　　刷 / 三河市嘉科万达彩色印刷有限公司
版　　次 / 2022年1月第1版　2022年3月第2次印刷
书　　号 / ISBN 978-7-5113-8718-9
定　　价 / 98.00元（全两册）

中国华侨出版社　北京市朝阳区西坝河东里77号楼底商5号　邮编：100028
发行电话：18610159925　　传　真：（010）64439708
网　　址：www.oveaschin.com　　E-mail：oveaschin@sina.com

如果发现印装质量问题，影响阅读，请与印刷厂联系调换。

编委会

内容策划

龚夕琳　伍廉荣（清华）　刘娴素　杨子悦（清华）
徐丽博（北大）　于思瑶（清华）　纪博琼（北大）

作者团队

清华大学

伍廉荣　于思瑶　李一凡　胡予嘉　张馨月
李　妍　都心仪　邱梓晟　杨铠源　李　昊

北京大学

徐丽博　纪博琼　黄宁婧　孙欣琦　石菲儿
赵冰婵　郭　秦　马开颜　靳雅萱　董子涵
黄秋璇　张小乔　吴　晗　王子铭　方子添
陈伟琪　彭　佳　于　艳　白思雨　付少青
何星原　迪　娜　梁　爽　陈婧琪　周子萱

精彩内容摘录

亲爱的爸妈：

你们常说我长大了，拥有自己独立的思考能力，很多事情能够自己做出决定。但我觉得自己仍是那个需要牵着你们的手才敢过马路的小女孩，我喜欢和你们分享一些我的所见所闻所感。你们接纳了我的思想，也开始学着在社交软件上和我分享新鲜事、新知识，三个独立的个体聚在了一起，我们互相尊重，彼此鼓励，共同铸就了一个和谐的家。

从婴孩时丑兮兮的外表，到成长过程中误入的歧途，再到思想、做法上的差异，你们无时无刻不在接纳着我，接纳着我的喜怒哀乐，接纳着我身上的优点和缺点。是你们的耐心让我懂得了思考，是你们的包容让我学会了成长。我以为是自己很乖才让你们那样省心省事，直到现在，蓦然回首，才明白是你们背后的默默付出，才知道是你们无怨的平和接纳，才让我度过了如此美好的年华。

孩子：

　　看到你成功，我会欣喜，但提醒你不要自满；看到你失败，我会悲伤，但鼓励你下次再来。你所提出的合理要求，我尽力满足，你所渴望的潮流事物，我尝试理解。我喜欢看你收到新手机后的爱不释手，也会提醒你当初在央求时"绝不影响学习"的保证；我喜欢和你待在一块儿用年轻的眼光看待一切，也会在你钻牛角尖或陷入迷茫时稍加指点。

　　妈妈经历过沉浮起落，跋涉过四季山水，贪恋过瀚海波涛，也触摸过枝间雾凇，但生你、养你，还是头一回，正如你被我养着，成长着，也是头一回。回首这一路，我好像做了很多，又好像只是平平淡淡，把你抚养成人，送你远走高飞。

　　有人说为人父母就是苦尽甘来，我却觉得，陪伴你成长的这一路，所有经历过的挫折和难过，现在回忆起来，半分苦涩也没有尝到，反而成了和你茶余饭后的谈资，以及聊起来心中泛起的温暖与甘甜。

写给读者的一封信

亲爱的朋友：

每一位孩子都有一个飞翔的梦，每一位家长都望子成龙，但在翱翔高空实现梦想的过程中却困难重重：孩子缺乏学习兴趣，孩子没有学习驱动力，孩子学习数学遇到了障碍，孩子学习语文没有天赋，孩子每天很努力很辛苦，为什么成绩却不理想？家长看在眼里急在心里，却不知道该怎样帮助孩子，应该给孩子创造什么样的家庭环境？应该怎样引导孩子的学习兴趣？什么样的家庭教育才能助力孩子成长？

拿到这本书时，你或许正有同样的困惑，又或许有着同样的迷茫，请先记住一点，不要恐慌，一切的经历都会成为闪闪发光的宝藏，正确的家庭教育将是解决这些问题的良方。

作为一名青少年，你可谓是生在红旗下，长在春风里，家长希望你有理想，社会希望你有信仰。的确，你不用经历前辈们的刀光剑影，不用经历父辈的艰苦岁月，但是你有努力学习、报效国家的使命。值得庆幸的是，家庭教育让你在向前奔赴的路上充满温暖，家人的支持与引导让你的学习更有目的和动力。

年轻是你最大的资本，也是你蓬勃向上、不断进取的基石。因此，便有了那句"年轻没有什么不可以"的"豪横"之言。不可否认，你年轻，你有胆量。可是，在如此美好的年纪你应该做些什么？家长又能做些什么？这是我们应共同思考的问题。

成长，没有人能逃避成长，因为成长代表着"经历"，你要经历好的事情，也会面临生活的重重考验。

学习，这是一个让很多学子"反感"的字眼，因为身边的人都在为这两个字奋斗，家长也在为你的学业而烦恼。

很多时候，你是"被迫"长大，比如，你在叛逆期，明知自己的话语会伤了父母的心，但是还会说出"扎心"之语；明知学生时代应该奋力学习，但是还会忍不住贪玩。父母明知孩子顶着巨大的压力，但总会不自觉地流露担忧；明知道说教可能会带来不满，但还是会苦口婆心……或许，只有经历了应该经历的，人才能真正成长。

这套书正是为了帮助那些心中有困惑、有迷茫的读者所作，共两册：《成长的秘密》展现了在学子成长过程中，家长如何引导他们度过迷茫与困境，助力他们的成长。《学习的秘密》是清北学子们在学习时，对家庭教育、家庭赋能的感悟与心得这套书是对家庭教育意义的多方位解析，更是对家庭赋能孩子学习与成长的方法总结。

　　文中的每字每句都出自清华大学、北京大学学子真实的学习、成长经历。他们在考入清华大学、北京大学之前也不过是高考备战大军中的一员，同样面临着人生目标、成长叛逆期、学习技巧误区、成绩瓶颈期的困惑。他们之所以能够脱颖而出、超越同侪，与他们的家长懂得如何进行家庭教育密不可分。这套书是学子们学习秘密、成长秘密的完整展现，希望这套书能够从真正意义上帮助到你。

　　祝你读有所获、读有所悟、读有所用！

闻道清北

2021年11月1日

目录

来自清华北大学子们的家书

第1封家书　自主感养育：爱孩子就放手 // 003

在成长的路上，家长的过度关心会让孩子失去许多成长的机会。其实，家长适当放手，才能让孩子逐步学会独立，走向属于自己的一片天地。

第2封家书　父母的格局，影响孩子的未来 // 013

爱人，是情；揉人，乃智。成才很难，教育自己的孩子成人，又何曾是易事？而我的父母，却用他们伟大的爱与独特的方式，教会了我，何为人生，何为世界，何为是非。

第 3 封家书　完美的教育是接纳孩子的不完美 // 025

在成长的路上，孩子会有许多不恰当的表现，这时候，不要过于急躁地纠正或者训斥。家长如果能够耐下心来，用爱心去包容、接纳孩子，再辅以合适的引导，那么，彼此的交流将会变得更加有效。

第 4 封家书　妈妈正确放手，化解孩子退学风波 // 033

总是牵着孩子的手，她（他）选择的路也许更平稳，走得也会更顺利，但是其他更多更美的风景就会错过。爱她（他），就要给她（他）光辉与自由。

第 5 封家书　请让孩子把话说完 // 041

父母以丰富的生活经验为凭借，为孩子的人生操碎了心，而孩子则以接触到的新观念、新思想为理据，对父母的"死板老套"嗤之以鼻。但或许，争辩也并非坏事……

第 6 封家书　理解与平等，父母与孩子共同成长 // 051

有句话说得好："幸福的人，一生都被童年治愈；不幸的人，一生都在治愈童年。"我很庆幸自己成长在一个气氛温馨有爱的家庭中

第7封家书　儿时的梦想终会指引我们前行 // 059

　　父母应该保护懵懂的孩童最本真的愿望，不摧残其破土而生的自然力量；合理地为其指明方向，使其不落于空想；在合适的时候浇水施肥，助力孩子茁壮成长。

第8封家书　家庭中正确的沟通模式 // 069

　　孩子走向成年的过程中，家长需要同时或者更先一步成长。安全宽广的亲子空间需要父母与孩子沟通磨合去共同打造。

第9封家书　退让与引导是帮助孩子度过青春期的良方 // 077

　　面对青春期的孩子，我们更需要的是相应的理解尊重与换位思考，以平等的地位对待自我意识渐强的孩子，适当的退让、纵容与肯定，有时候会成为双方有效交流的关键。

第10封家书　简单易行的戒网瘾与戒拖延方法 // 087

　　孩子就像一株树苗，在成长的过程中，难免会有"长歪"的时候，"长歪"并不可怕，只要能及时矫正，孩子定能走上正确的道路，不会误入歧途。

03

第11封家书　高情商教育方式处理亲子分歧 // 095

在家长和孩子的相处中，产生分歧在所难免。处理不当，可能影响家庭和睦。只有直面不惧，智慧处理，才能够更好地促进父母和子女之间的感情。

第12封家书　置身低谷是为了再攀高峰 // 103

挫折是一定需要避免的东西吗？儿时的我，只期待找一条一帆风顺的捷径，而妈妈更期待我可以多些磨难，将越过的挫折化成勋章，别在胸前。

第13封家书　父亲与女儿相处的最佳模式 // 111

岁月在不经意间从身边划过，在每一个匆忙的身影背后，父亲关爱的目光越来越远，在你身心疲惫的时候，驻足下来，读一读书中的温情故事，你会有感动的心跳。

第14封家书　正确陪伴是给孩子最好的养育 // 119

你还记得是怎样度过中学时光的吗？做不完的题、考不完的试，不断被压缩的睡眠……当然，也别忘记，我们不是单枪匹马的勇士，还有父母的陪伴和支持。

第15封家书 自律背后的真相 // 129

熬夜，有时是因为责任，有时是不敌诱惑，甚至更多时是想要逃避。父母的监督治标不治本，引导孩子自我管控，滋养内生力量，才是避免其掉入失败深渊的关键因素之一。

第16封家书 聪明家长这样教孩子认识早恋 // 139

早恋，对于很多家长来讲，是一个"敏感"的字眼。发现孩子早恋迹象，家长要如何正确引导？与其明确制止孩子的早恋行为，不如用合理的引导方式来帮助孩子成长。

第17封家书 如何培养孩子的社交商 // 149

怎样交到朋友？交友标准是什么？如何维系好和朋友之间的感情？这些难题，少年们都曾经历，也都正在经历。而父母，又会为孩子提供什么样的交友建议呢？

第18封家书 教孩子控制好情绪，父母必修这堂课 // 157

从呀呀学语的孩童到亭亭玉立的大学生，是父母用爱浇灌、用心教育、用行动支持我一路走来。从爱乱发脾气到拥有完美的情绪掌控力，父母给了我最大的帮助。

05

第19封家书　包容的力量：如何帮助孩子平稳走出叛逆期 // 165

青春期的孩子，有一些敏感，也有一些叛逆。此时家长应该多关注孩子的情绪，更多地做好疏导工作，这样才能帮助孩子平稳地走出叛逆期。

◎ 来自清华北大学子家长们的回信

家长回信一　为人母亲，我很幸福 // 175

有人说为人父母就是苦尽甘来，我却觉得，陪伴孩子成长的这一路，半分苦涩都没有尝到，只有茶余饭后聊起时的温暖与甘甜。

家长回信二　成功路上有片花海叫挫折 // 183

人生中，有风有雨是常态，不要期待一路花开，偶尔的不如意，也许能带给你意想不到的收获，不要惧怕，我们一起坚持。

家长回信三　尊重梦想，筑梦成功 // 191

大声说出自己的梦想是最酷的事儿，父母尊重你的梦想，欣喜于你的付出，但翱翔的弦容易割，适当的放慢脚步，也能走得更长远。

来自清华北大学子们的家书

教育孩子如育花，需要精心呵护，但事实上并不是所有家长都能养好"花"。尤其是在孩子成长过程中，孩子的思想在不断地变化，他们对世界、事物会有全新的认知。因此，家庭教育面临的问题更为复杂多变，让孩子平稳度过青春期与叛逆期，在成长的路上少走弯路，恐怕是所有家长的愿望。

清华北大的学子是如何度过"危险期"的？他们的家庭教育又是如何做到"恰到好处"的？想必，他们的教育方法一定是许多家长希望得到的。

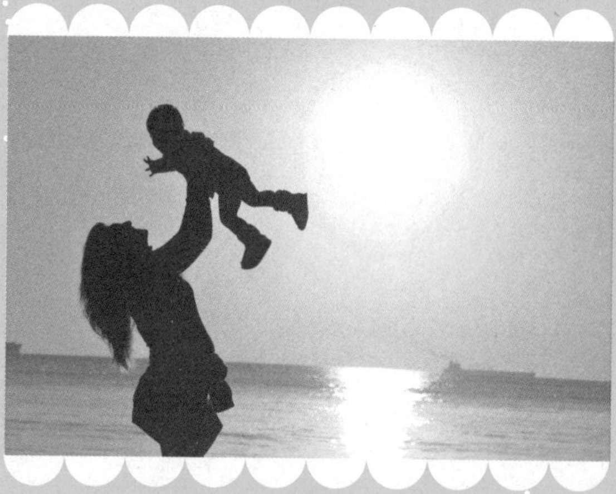

第1封家书

自主感养育：爱孩子就放手

陈伟琪　高考总分：664
毕业于广东省佛山市石门中学
就读于北京大学药学院

在成长的路上，家长的过度关心会让孩子失去许多成长的机会。其实，家长适当放手，才能让孩子逐步学会独立，走向属于自己的一片天地。

亲爱的爸爸、妈妈：

  展信佳。

  前几天你们在家庭群里发了一张照片，告诉我，阳台上养着葡萄的架子被台风刮倒了。照片里，木架子被吹得七零八落，压着鲜绿色的藤蔓，本来生机勃勃的叶子无精打采地匍匐在地面上，被雨水打湿，皱成了一团。

  我的葡萄没了，伤心之余也有些诧异，架子是我看着爸爸您亲手搭建的，工程怎么能如此"豆腐渣"。还没来得及问罪，偶然瞥到了照片的角落里野蛮生长的树木枝干遒劲，哪怕经历了风雨的洗礼，依然葳葳郁郁。在那么一瞬间，我突然想起了小学里学过的一篇课文。

  题目不太记得了，只是里面的一段话，当时懵懵懂懂，曾在老师的要求下对着你们背诵，现在猛然回忆起来，才知道那字里行间蕴含的深意。"种树不是种菜或种稻子，种树是百年的基业，不像青菜几个星期就可以收成。所以，树木自己要学会在土里找水源……在不确定中找到水源、拼命扎根的树，长成百年的大树就不成问题了。"

  爸爸妈妈，你们大概也是把我当成一棵树在培养吧，正是你们适当的放手，才让我学会了自己寻找水源，才让我能够在这二十年来磕磕绊绊又稳稳当当地顺利成长。我在一次又一次的尝试中，学会了独处，学会了独自思考，学会了安排时间，学会了独自生活，最后，学会了自己成长，成为一个独立而健全的人。我要郑重地对你们说一句,亲爱的爸爸、妈妈,谢谢你们!

当种子离开了树木

那是一个再寻常不过的夜晚。城市的天空中没有星星,只能偶尔看见飞机划过时一闪一闪的光点。屋子里灯光暖黄,晚饭的香气还未散去,一碗热汤在空气中氤氲出馥郁的浓香,小小的我趴在桌子边上,眼巴巴地瞅着,瞅着,伸出试探的爪子。

"小心烫……"

您的警告还没落下,我就被烫得抽回了手,抬头看向您,想要得到呵护与安慰。

从来都是这样的,妈妈。您还记得吗?您从小对我就是那么爱护,无微不至。从牙牙学语,到蹒跚学步,从第一天上幼儿园,到周末领着我去爬山,从清晨尚未睁眼就被穿上的衣服,到睡前哼唱童谣落下的音符,我生活的点点滴滴,几乎都充盈着您的身影。

还记得我努力说服您留我一个人在家时,您是那么的担心与不愿,那时的我还不能体会您为人父母不能言表的爱,只沉浸于自己马上要成为世界主宰的欣喜,是的,那时候家就是我的世界。

然而,当新鲜感与兴奋逐渐散去,接踵而至的,是偌大

> 孩子总需要成长，每一次来自幼小心灵的试探，都是成长的契机。

的家里，只剩下我一个人的惴惴不安与恐慌。当孤独感再次来袭时，我终于还是忍不住拨通了您的电话。

您温柔的嗓音像是黑暗里燃起的一团火，温暖而明亮，一点点驱散了侵蚀着我的恐惧与阴影，支撑我红着眼睛、终于等到了大门缓缓推开的一幕。

孩提时代旺盛的好奇心与无畏，支撑着我提出了"独自"的想法，像是不知天高地厚的种子，幻想着也能够像大树一样顶天立地。您了解我的性格，明明知道结果却依然放手让我去尝试，给我挑战自己的机会。也许过程坎坷，但最终落入土地的一瞬，迎接我的，是源源不断的爱意与支持。

孩子总需要成长，每一次来自幼小心灵的试探，都是成长的契机。此时，也正需要家长恰当地放手，让挂在树木上的种子能够勇敢乘风飞翔，在以后的生活中，更加茁壮地成长。

破土时分，清风徐来

窝在手心里只有毛茸茸的一团，绿豆大的小眼珠黑溜溜的，耳朵是嫩色的粉，它的爪子不尖，踩过的地方只会泛起轻微的痒。我捧着几只小仓鼠，看着笼子里更多的乱窜的仓鼠，有些忧愁地叹了一口气。

家里本来只养了两只小仓鼠，没想到一年过去了，它们繁殖了好几窝，存活下来的已有十多只。我突发奇想，想要用包容、信任以及恰到好处的放手，让我懂事明理，逐渐能想会做，逐渐向着世界迈出勇敢的第一步。

拿出去卖，本来天马行空的想法，没成想得到了你们的通力支持。

爸爸您领着我去"考察市场"，妈妈则教我"谈判话术"，于是在一个风和日丽的午后，我在街道上架起一张小桌子，放上几个仓鼠笼子，开始了人生的第一次生意。

面对来之不易的顾客，我紧张又兴奋，几乎是语无伦次地推荐我家生家养的小仓鼠，直到顾客笑着摇了摇头，说有机会再来。一次次地失落，我有了收摊结束这场"闹剧"的念头。爸爸，是您留住了我。您让我抬头看看那些小贩，哪一个不是在耐心等待，哪一次交易达成是唾手而得的……

那是我第一次独自站在人来人往的街道上吆喝，第一次和陌生人讨价还价，第一次接过对方手里的钱，以十五元一只的成交价，卖出了两只小仓鼠。

钞票很轻，落到手里的一刻，像是有什么在我心中破土而出，带来徐徐的一阵微风，抚平了所有的不安和犹豫。我想，正是你们的支持和引导，让我知晓了成长与独立的奥秘：是独自思考，是独自应变，是敢想敢做，是敢做敢当。

成长过程中，我总有许多想法，有的合理，得到了你们的支持；有的不合理，你们也不一票否决，而是耐心地讲道理，用包容、信任以及恰到好处的放手，让我懂事明理，逐渐能想会做，逐渐向着世界迈出勇敢的第一步。

风雨过后，方见彩虹

夏天的暴雨总是来得那么令人猝不及防，又大又密的雨点不住地敲打着玻璃窗，狂风刮乱了阳台地上摆成一个大笑脸的木棉花，也刮进了气氛凝滞的屋内。

这是我第一次看见你们争吵。为了我的学业问题，温和的妈妈寸步不让，爸爸也抿起了唇角的弧度，坚定地重复："不行，我不放心。"

爸爸不放心的是我独自去寄宿学校的选择。那意味着我一周只能回一次家，有什么突发情况他难以及时知悉……妈妈持相反观点，她认为十二岁的我已经足够懂事，可以试着离开家，离开自己的舒适区，尝试独自生活。

你们争论不休，最后问我是否想去。

"我想去吗？"我问自己。

寄宿学校的优劣，爸妈都给我分析得很清楚了，我也明白其中的道理。只是这个关于未来三年的决定太过重要，我在其中摇摆不定，求助般看向了你们。

你们出乎意料地统一了意见，把选择权放在了我身上，你们希望我自己做决定。

我知道，这不仅是选择就读一所寄宿学校，更是选择了一种全新的生活，几乎完全脱离父母的生活。我需要朝夕和同学们相处，需要自己安排时间吃饭和睡觉、做作业和玩闹，可能遇到困难会举目无"亲",会收获喜悦却不能第一时间和你们分享……

> 你们总会在恰当的时候给予我支持和鼓励,让我学会自己判断和选择。

但在你们坚定与鼓励的目光下,我依然点了点头,虽然万分不舍,但是我想试试离开你们,独自生活。于是我走进了寄宿学校的大门,正如我往后无数次独自走到了不同的地方,步伐依然是坚定而沉稳的。我知道,这是我自己选择的路,我也知道,我的背后,有一如既往支持我的你们为我铸就爱的港湾。

人生有无数个岔路口,是非对错总是标准不一,此时,你们从来不会过于强势地干预我的选择,随着我对世界、价值与人生的认知逐步建立,你们总会在恰当的时候给予我支持和鼓励,让我学会自己判断和选择,能够更加适应日后的生活,寻找属于自己的彩虹。

持续努力,向光生长

又是一年盛夏,晴朗的空中万里无云,林立的高楼参差,遥遥能眺望远方的天际。小时候只能在阳台仰望天空的我,也乘上了飞往首都的飞机,看着柏油马路上渐渐缩小的车辆,想着哪一辆上,载着虽然信任却止不住担忧的你们。

上大学以来,我想了很多,关于我的二十年,也是关于你们的二十年。

为人父母与为人子女,我们都是第一次,很难想象,在这二十年我们相处得极为融洽，偶有争吵，但更多的是对彼此的理解，你们对我的信任与支持。

在离开家的前一晚，你们来到我的房间，询问我是否已经准备好了。

肩膀上的手又多了几道褶皱，力度很轻，你们沉甸甸的担忧与不舍却渗到了我的心上，我装作不在意，并说我们可以随时视频聊天。可是，往往都只有我主动视频，才能看到千里之外你们的亲切面容。我知道，不是你们不惦记我，而是怕我学业太忙、实验太紧、和同学相处没时间……有太多太多的顾虑，阻隔在了那一个小小的触碰之间，毕竟孩子已经长大，需要有自己独立的空间。

只是，爸爸、妈妈，你们知道吗，即便我已经学会了独自生活，独自面对困难和挑战，持续不断地努力。但也有很多时候，我也想要回到最初那一颗小小的种子，依偎在树木的怀抱中，汲取足够的力量，向光生长。我虽然有了自己的人生与际遇，但依然希望得到你们适当的鼓励和关注，你们自己丰富的阅历会带给我更多指导、更多思考。

不只是树，人也是一样，在不确定中生活的人，能经得起生活的考验，会锻炼出一颗独立自主的心。在不确定中，就能学会把很少的养分转化为巨大的能量，努力生长。

感谢你们如栽树一般地养育我，从小在我心里埋下一颗"独立"的种子，在不确定中摸索，沐浴过成功，也在失败中砥砺前行，最终有机会破土而出，抽芽，伸枝，展开一片浓郁的树荫。

在成长过程中，父母一步步学会放手，我也逐渐走向独立。你们不会讲什么长篇大论的道理，我也一直以为自己是野蛮生长，直到现在，偶尔回首，才发现你们润物无声的良苦用心，才知道看似平凡的成长路上，离不开你们的付出与辛劳。

爸爸、妈妈，你们辛苦了，我爱你们！

祝

身体健康，万事如意！

女儿：琪琪

第 2 封家书

父母的格局，影响孩子的未来

李一凡　高考总分：667

毕业于河南省濮阳市油田第一高级中学

就读于清华大学机械工程学院

> 爱人，是情；诲人，乃智。成才艰难，教育自己的孩子成人，又何曾是易事？而我的父母，却用他们伟大的爱与独特的方式，教会了我，何为人生，何为世界，何为是非。

亲爱的爸爸、妈妈：

又快到一年中秋了，你们好吗？

恍惚间，自己还是那个会缠着你们买街边哈密瓜馅儿月饼的稚嫩孩童；但现在，已经是一个习惯于在他乡透过宽大的玻璃窗，在高耸楼宇之间望月思念你们的青年人了。

三个工科生的家庭里，从你们到我，好像大家都不是能够直白表达感情的人。就连我在电脑桌前，对着屏幕回想起儿童时代、少年时代稚嫩的自己与你们在一起的点点滴滴，都会不自然地感到一丝羞赧而不知所言。但是，目光触及桌边每天都擦拭的那幅全家福，还是由衷而久违地想对你们说一句——爸妈，多年来，你们真的辛苦了！你们教会了我如何做一个人，是你们给了我今后努力成才的希望。

我想你们。

爱如甘霖，润物无声

每一个小孩子都有一颗好奇的心。有的孩子成为吵吵闹闹的孩子王，有的孩子成为热心的参与者，有的孩子成为文静的倾听者，有的孩子却成了孤僻的独行客。孩童时代，对于为人处世，不同的孩子就开始有不同的理解，只是他们还不知道，这就是他们人生观的养成过程。直到有一天，他们突然开始思考一个问题，"人生的意义是什么？我到底要过什么样的一种人生？"他们才恍然大悟，原来自己对于人生的理解，其实早就开始了。

我，自然也是这样的。但我感到幸运的是，我有两个从很早起就意识到我对人生已经开始产生自己理解的父母。你们早早地、默默地，在对我人生观的塑造中，起到了不可磨灭的作用。

我还记得，小时候老师布置了作文：你想成为什么样的人？

孩子们意见不一，但是很多的孩子想成为科学家。我也如此。

我听到有的家长告诉孩子，你以后能踏踏实实地生活，爸爸妈妈就心满意足了。我听到更多的家长鼓励孩子，我们家孩子从小就志向远大，就是当科学家的料！

但你们给我的回应，却并没有止步在这样的鼓励。妈，我还记得您当时一手牵着我，一手牵着我爸，告诉我："孩子，你想成为科学家，妈妈很高兴；但其实，你以后能成为爸爸这样的人，就已经非常伟大了。"而爸爸说："其实还有比成为科学家更酷的事情，你五年之后、十年之后，说不定还会有更好的答案。"我现在回想起来你们给我的回答，真的感到无比幸运。妈妈，您给我的回答，促使我从不同维度探索人生的意义；而爸爸，您给我的回答，让我从不同广度探索人生的价值。可以说，你们当时简单的话语，却让我如沐春风，如逢甘霖，对于人生观建立的小小幼苗，开始在春意盎然中，迅速成长。

我不是一个善于抽象概括的人。在后来的学生岁月中，我看到了许多有意义有价值的生命，他们的人生各式各样，但每一个人都付出了汗水，都收获到了他们所认为重要的东西；他们有的是肩负重任的一方领导人，有的是埋头苦干的辛勤工人，有的是博大伟岸的父亲，有的是牺牲奉献的科学工作者……我从他们身上看到了很多闪光点，但我始终难以找到一个答案——什么样的人生是有意义有价值的。我一度非常困惑，我把我的困惑告诉了妈妈。妈，我还记得您当时和我并肩坐在夏天的星空下，我们看着夜空，您缓慢但清晰地对我说：

"孩子，这个世界上的人生，都有不同的长度、不同的宽度、不同的高度和不同的深度。有的人追求长度，不仅仅是长寿，而是争取用更多的岁月去追求值得自己追求的事情，用更多的岁月去承担自己的责任；有的人追求宽度，他们同时做到了一个孝顺的儿子、一个负责的工作者、一个坚强的丈夫、一个伟大的父亲，就比如你爸；有的人追求不同的高度，他们用汗水拼搏，让自己的才能发挥到淋漓尽致，让自己的热情能够在最大程度上投入自己热爱的事业；而有的人追求的是深度，他们可能不为人所知，可能放弃很多其他的精彩，忍辱负重，在国家和更多的人需要的地方专注地深入更深处。孩子，他们的人生都是最有意义的人生，他们都热爱着自己的生活。评价人生的价值绝对不是唯一的，所以，你以后不管做什么，不管在哪里，一定要热爱你的生活！有一天，你也会找到实现自己的人生意义的方式。"

直到今天，我仍在不断从您汇聚了人生感悟的这段话中找到共鸣。每每回想起这些话，单调枯燥的生活，就仿佛有一汪清泉灌溉、有一阵春雨滋养。

> 评价人生的价值绝对不是唯一的，所以，你以后不管做什么，不管在哪里，一定要热爱你的生活！

爱如江河，奔涌不息

我很少见过你们给自己买衣服。我在上大学前的十八年，你们给自己买新衣服的次数，两只手就数得过来，相反你们却很乐意给小时候的我买益智玩具。但是终究有更贵、超出家庭消费水平的东西。我还记得，每每遇到这种时候，爸，您就会亲手带着我，用木头、钉子、橡皮筋、铜丝、磁铁……用各种小东西，亲手做出很多很多独一份的更有趣的玩具，让我不断了解机械结构的奥秘、电与磁的奥秘——影响深远到，我在选择高考志愿的时候毫不犹豫地选择了清华的机械工程系。一直到今天，我仍然热爱着这个行业。

探索世界，在你们眼中，永远是应该被鼓励的。只有更多地了解了这个世界，我才会建立起如何认知世界的观念。

妈妈，我早就知道，小时候您在重庆的大山里，背着篓子割牛草的时候，被毒蛇吓到过。直到今天，您依然很怕蛇这样的软体动物。但当时回老家，我对于老家的竹林非常好奇，带着小铲子和我的小狗风风火火地跑出门去的时候，您都会冲出来拦住我说道："林子里有蛇，很危险的，妈跟你一起去好不好？"直到有一次，真的遇到了蛇，您一边用足以让我爸听到的超大声音尖叫，一边护着我的时候，我才意识到原来您这么害怕蛇。现在想起来，我眼中的不仅仅是一个勇敢的母亲，更是一个希望鼓励孩子探索的智慧家长。您本可以因为危险让我不要去林子里，但是您从未阻止，每每看到我挖出小竹笋带回家，还会开心地教我如何剥开，如何把它做成好吃的菜肴。我现在能做出一手好菜，与您从小就一点一点耐心地教我区分食材，手把手地教我如何烹饪密不可分。

我现在依然是朋友们公认的"对这个世界所有新鲜的领域都有浓厚兴趣的人"，也有人评价过我，"你对这个世界的很多事情，真的有自己独特的观念和看法"。我一瞬间就想到了你们。你们不是在条件允许下才允许我探索这个世界，而是为了让我探索世界、熟悉世界、理解世界努力地在创造条件。

爸，在我小的时候，我曾经问过您，为什么国家之间要有战争，当时您笑而不语。但是等到我初中学了历史课，您却认真地主动找我，说以后看到时政新闻，看不懂的都可以问您。在我中学时候，您很少主动找我谈男女关系的问题，

> 你们不是在条件允许下才允许我探索这个世界，而是为了让我探索世界、熟悉世界、理解世界努力地在创造条件。

很多时候,你眼中看到的事情,并不是你想象的那样简单。

成长的秘密

但当我因为早恋产生困扰的时候，您却没有向其他家长一样一刀切地否决，而是真心和我交流了很多利害关系……诸如这样的例子数不胜数。我能感觉到，您在我不同的年龄段，带我循序渐进地去了解世界的苦心。您没有让我一下子被世界上光怪陆离的信息冲击到迷茫困惑，而是一层一层，从小我到大我，让我建立了一个既足以窥探更上层世界奥秘的灯塔，也建立了一个足以抵御花花世界各种不良干扰的港湾。现在，我还未结婚，还并没有为人父母，这个世界，我仍在努力地探索，努力地思考；而您，仍然在不断引领我，给予倾心地分享与陪伴。您的爱如滔滔江河，从未停息。

爱如山脉，厚重深沉

是与非，对与错。究竟应该如何评判？

越是幼童时代，世界越是非黑即白的，小红帽是最最可爱的，大灰狼是最最可恶的。而随着成长，世界中的人或事变得越来越复杂，我不知道他们孰对孰错；而更有人生的岔路口，让我不知道哪条路是正确的，哪条路是错误的。爸爸妈妈，是你们，在我每每陷入是非漩涡的时候，不是简单的讲述与说教，而是用最真实的自己的人生，告诉我应该如何判断，如何选择。

每个人都有贪玩的年纪，我也不例外。当家里有了一台电脑，当我看到了爸爸妈妈的手机，克制不住地玩耍便让我一次次忘了时间。我看到有的家长打孩子，让孩子停止游戏；有的家长想尽各种办法藏好设备，不让孩子有机可乘。而你们却选择了我多年以后仍然印象深刻的一种教育方式。

爸，初中二年级，当我在电脑游戏中流连忘返的时候，我还记得您欣欣然陪我一起开始游戏。我非常意外，甚至惴惴不安。但您什么也没说，告诉我，游戏的时候当然要享受游戏，要认真去玩。您一直告诉我，做任何事情都要认真。但我发现，当您和我认真投入其中的时候，我每次都玩不过您。我开始跟自己赌气，玩不过您就不去睡觉不去吃饭。但是这时候您告诉我，如果我现在不去正常的睡觉吃饭，那您就不会给我机会打败您。我只能憋着一口气，乖乖地去做该做的事情。

直到有一天，我绞尽脑汁想好策略，战胜了您。我当时觉得一阵狂喜，但是您只是笑了笑，然后和每日一样换好衣服去上班了。我突然感觉到一阵长久的失落与空虚。我突然发现自己这么长时间的努力是徒劳的。是啊，我本身应该去做的是学习，就像您的任务是去工作。游戏本身不是错误的，而失掉本职工作，忘掉自己的任务，才是空洞无味，才是错误的。能够让我坐在暖和的家中，还能够和爸爸妈妈一起游戏的条件，正是每天爸爸妈妈的辛勤工作换取的。爸爸在游戏的时候不快乐吗，我看得见，您也很幸福，但是我更能看到您每天准时换上工装，那种带着希冀的眼神，更幸福。

妈，还记得当我高考结束的时候，您偷偷背着我爸告诉了我："孩子，咱们家境一般，在这样一个小城市里。你以后到了大城市，会见到更多家境更好的人，你肯定会羡慕他们。但孩子，我想告诉你，其实你的父亲在天津大学毕业之后，本也可以选择继续深造，在大城市继续发展。他是因为一边要工作挣钱一边要照顾你奶奶，才回到了老家的小乡村，才做了这样一份你感觉或者不如大城市其他家长所做的工作。妈妈现在告诉你，很多时候，你眼中看到的事情，并不是你想象的那样简单。对或错、好与坏的判断，也并不像你最直观就可以看到或者听到的那样。"

听到您说的话，想到了每天早出晚归，一身疲惫，还强打精神陪我一起玩游戏、身体力行地教育我的爸爸，我一瞬间热泪盈眶。当年，年轻的父亲，您也一定踌躇满志，但是您在人生的是非面前，默默地选择了坚守自己为人子、为人夫、为人父的责任。我知道您很喜欢喝酒，但是您从我上学知道酒精的坏处之后，就很少喝酒了；您刚工作的时候，为了应酬也曾抽烟，但是自从我出生，在家里便没见到过一包烟。太多太多的事情，您用无声的语言，告诉了我何为是、何为非。

爸，妈，你们对我的爱，一直是不求回报的。我甚至不能用感谢一词来形容我的心情。这种爱让你们变得最耐心、最温柔、最严格和最智慧。我，真的是一个足够幸运的人。

太多太多的事情,您用无声的语言,告诉了我何为是、何为非。

我不仅要自己努力地生活,来告诉你们我不会辜负你们的苦心;我更要努力成为如你们一样的人,用甘霖一般、江河一般、山脉一般的爱去爱下一代;而更重要的,我要大声地对你们说出这句话——

"爸,妈,你们辛苦了!我爱你们!"

儿子:李一凡

第3封家书

完美的教育是
接纳孩子的不完美

纪博琼　高考总分：688
毕业于河北省衡水第一中学
就读于北京大学外国语学院

在成长的路上，孩子会有许多不恰当的表现，这时候，不要过于急躁地纠正或者训斥。家长如果能够耐下心来，用爱心去包容、接纳孩子，再辅以合适的引导，那么，彼此的交流将会变得更加有效。

亲爱的爸爸、妈妈：

你们好。

看到家庭群里，刚出生的小表侄女照片时，我下意识便脱口而出了一句"好丑"，你们没有反驳，反而和我说，这和我刚出生的时候很像。我其实不太相信，看镜子里的女孩，眼睛和嘴巴像她的妈妈，鼻子像她的爸爸，唯独和照片里红彤彤、皱巴巴的小婴儿没有一点儿相似。你们拿出以前的老照片，我才艰难地承认，好吧，我小时候也是这样。

看着照片中妈妈幸福的笑容，我有些好奇，你们，或者说这天下的所有爸爸妈妈，难道不觉得自己的孩子丑吗？妈妈笑着发了一条语音："傻孩子，我们怎么会嫌弃宝宝长得丑，我们高兴还来不及呢，你是上天赋予我们最好的礼物，你身上的一切都是美的。"

是啊，从呱呱坠地的那一刻起，到牙牙学语喊出了第一声"妈妈"，到我牵着你们的手走到了学校，到我挥手和机场外的你们送别，你们都是一直、一直那么地喜欢着我，接纳我身上的一切、一切，有成绩单上鲜红色的骄傲，也有厨房里一塌糊涂的狼藉。

想真诚地和你们道一声感谢，感谢你们接纳一个丑兮兮的婴儿，接纳一个不听劝告、一意孤行的孩子，接纳一个赖床不起还理直气壮的学生，接纳一个思想和行为上和你们逐渐有了差异的青年。在我成长的过程中，正是由于你们的时刻关注并经常提醒,这才有了如今坐在书桌前,给你们写下这封信的我。

爸爸妈妈,谢谢你们!

接纳小错误,才有大成长

坠着水钻的发夹,嵌着珍珠的胸针,还有珍而重之放在首饰盒里的一条条项链和手链,刚开始上小学的我,总是喜欢趴在妈妈的梳妆台上,拿着一个个精致的饰品对着自己比画。

那时候的天空总是格外的蓝,连虚无缥缈的云,在童稚的眼中,也能飘成一只兔子或老虎,我甩着一条项链走到阳台,想像动画中的英雄人物一样,套住空中幻想出来的白色骏马。

"哎,别在阳台玩了,把妈妈的项链掉下楼就麻烦了。"听到正在做家务的您唤着我的声音。

我把银色的细链在手腕上绕了两圈,信誓旦旦:"当然不会,我抓得可紧了。"

您不放心,想要过来叮嘱我两句,却被我不耐烦地赶走,真的不想您打扰到我浪漫的草原奔驰梦想。

也许是那天的阳光过于灿烂,也许是空气中逸散的花香太过芬芳,当然,或者只是刮过了一阵属于春天的风,把马儿飘逸的毛发吹成了一个我不喜欢的造型,我一个不满,一下分心，细长的项链借着我挥手的力度，轻轻地脱离手腕，一圈又一圈，最后往阳台外坠落。在太阳底下银光闪闪的链子很快就消失在了我的视野里，直到被您提着远离阳台的栏杆，我的脑海中还回放着项链脱手而出的一幕。

您很快就注意到了我的双手空空如也，我支支吾吾，紧张地捏紧了衣角，当时心想着您会不会大声责骂我粗心不听劝……记得自己曾问过那条项链的价格，是可以买上千包小饼干、上千个雪糕的数字，是刚学完一元、五元的纸钱币的我，不敢抓在手里的数额。

您举起衣架，在我以为它会落到我身上时，您轻飘飘地在上面挂上了一件衣服。您拉起我的手，陪我一同寻找，我到现在都没有忘记那凉凉的感觉，也许是因为您刚刚洗过衣服，也许是因为我当时凉凉的心。

终究是没有找到，您又拉起了怯怯的我回了家，那只手已经是暖暖的了。此时，您说希望我好好想想，下一次还是否会这样做。

我说自己是因为不小心，而您却不这么认为，您认为我是没有听从您的告诫，项链掉了您会心疼，但比起项链，您最担心的还是我是否身处危险。我有些愣怔，有些触动，年幼的我尚不能完全体会您的一片苦心，只知道以后在您叮嘱的时候，会稍微放慢跑开的步伐，听一听您说了什么道理，或附和或拒绝，总归是能在脑子里过一遍。妈妈，有时我就

一次犯错后的不打不骂，一次教训后的耐心说理，就能让他们幼小的心灵受到触动，从而反思。

在想,温柔是不是一把锋利的刀,是什么样的神秘力量让您把一个随时可以演化为一场家庭闹剧的事情化为和风细雨、润物无声的呢。

孩子的闹腾与直率,从来都是让家长好笑又好气,说教太过易反弹,放任不管怕出事。这时候,也许只是一次犯错后的不打不骂,一次教训后的耐心说理,就能让他们幼小的心灵受到触动,从而反思,让这个或者是成长过程中的无数个被接纳的失误,成为未来的春秋冬夏中,一点点改变他们的那道和煦阳光。

接纳坏习惯,再养好作为

舒缓的音乐从闹钟中流出,像蜿蜒的溪流,绕过葱茏的树木,淌过错落的山石,逐渐变得急促而有力,在成为瀑布、坠向谷底的前一瞬,"当——",我一个机灵,从睡梦中惊醒。

前不久我向您提出了"独立"的想法,想要自己上学,您大手一挥,直接连起床和早餐都让我自己解决。

清晨的空气很清新,从玻璃窗的缝隙中漏进来时,能让人嗅到草木的芳香。只可惜,哪怕是一捧鲜花现在直直递到我面前,也无法让我掀开难舍难分的上下眼皮。

刻意放在远处的闹钟还在喋喋不休。音量被调到了最大,大到隔着一扇门、隔壁卧室里的您也被吵醒,喊着让我关掉闹钟,赶紧起床。

我不听，翻身按住耳朵想要继续回到舒适的梦乡，不料却被背后的力度拽了起来。

是爸爸，您来催促我起床了。

我不想起床，但不得不考虑您说的情况，堵在半路上焦急却无可奈何，上课时腹中空空的饥饿，每一项都会成为我此刻不爬起来的后悔……一场拉锯战在我的脑海里展开。

强硬的说教让我不想听从您，放任的态度却让我觉得不好意思，结果，最后的最后，在您关上房门的那一刻，我不情不愿地从床上爬了起来。从接纳这个赖床的坏习惯，到往后的无数个坏习惯，在看到我误入歧路时，您似乎从没有直接逼着我去改正，但是又总是适时的提醒，给我独立的思考空间，让我自己意识到要去改变。

面对孩子的惰性，或者是其他不好的习惯，家长要做的不是把自己的想法强迫性地灌输给孩子，顺应孩子的天性，接纳孩子的习惯，其实更容易接近孩子的内心，引导他们自己去改变，才能帮助孩子成为一个更好的自己。

> 顺应孩子的天性，接纳孩子的习惯，其实更容易接近孩子的内心。

接纳异思想，共创和谐家

太阳经历了无数次东升西落，我也从咿呀幼童经历了二十载春秋，长成了如今的模样。和你们相去千万里，视频聊天时仍像面对面般亲切而自然。

记得我说想要学化妆，想让自己每天都美美的；记得我说喜欢一条裙子，虽然有些贵，但我觉得它值得；记得我说……

有很多很多的想法和观点，我能从你们皱起的眉头与犹豫的态度中，看出来你们不太接受，但你们却也只说："你喜欢就好。"

你们常说我长大了，拥有自己独立的思考能力，很多事情能够自己做出决定。但我觉得自己仍是那个需要牵着你们的手才敢过马路的小女孩，我喜欢和你们分享一些我的所见所闻所感。你们接纳了我的思想，也开始学着在社交软件上和我分享新鲜事、新知识，三个独立的个体聚在了一起，我们互相尊重，彼此鼓励，共同铸就了一个和谐的家。

从婴孩时丑兮兮的外表，到成长过程中误入的歧途，再到思想、做法上的差异，你们无时无刻不在接纳着我，接纳着我的喜怒哀乐，接纳着我身上的优点和缺点。是你们的耐心让我懂得了思考，是你们的包容让我学会了成长。

我以为是自己很乖才让你们那样省心省事，直到现在，蓦然回首，才明白是你们背后的默默付出，你们无怨的平和接纳，才让我度过了如此美好的年华。

爸爸，妈妈，你们辛苦了！

祝

身体健康，万事如意！

女儿：琼琼

第4封家书

妈妈正确放手，
化解孩子退学风波

郭秦 高考总分：652
毕业于江西省宜春市上高二中
就读于北京大学历史学系

总是牵着孩子的手，她（他）选择的路也许更平稳，走得也会更顺利。但是其他更多更美的风景就会错过。爱她（他），就要给她（他）光辉与自由。

亲爱的妈妈：

　　展信佳。

　　今天室友生日，黑暗中氤氲的蜡烛映着她那张微红的脸，突然就回想起您珍藏的相册中自己幼年时的一张生日照片，里面您也是怀抱着这样一张面孔，当然了，那是我。每年我的生日您都留有照片，从出生一直到现在。这两年远方求学，您虽没有来到我的生日现场，但也从来没有忘记我的生日，每次，您知道室友会和我一起度过，都会提前打来电话，终了也不忘嘱咐"拍张照片发给妈妈"。每张照片您都能如数家珍，但给我印象最深的只有那张微红的脸。

早早地，您松开了我的手

　　那张应该是3岁的照片吧，几天后我在您的陪伴下上的幼儿园。照片里我是欢快满足的，您微笑地看着我，满心欢喜。您告诉我，我马上就要上学了，幼儿园会有漂亮的老师、好玩的玩具，最重要的是我能找到自己喜欢的小伙伴。几天后等我入园时，我看到了漂亮的老师、好玩的玩具，但是哪里有喜欢的小伙伴，都是一群瘪着嘴巴哇哇大哭的小朋友。

　　现在想来，三四岁的孩子，多还没有离开父母亲人的经历，爸爸妈妈突然地放手，环境地骤然变化，定然是小小的心灵上的一次强烈冲击吧。我对当时的情况早就已经忘在了脑后，不过据您回忆，说我刚刚进入幼儿园时，只是无辜地我们从来就勇敢无畏，勇于尝试，反倒是后来因为成年人的过多干预，开始变得畏首畏尾。

看着妈妈，却任由老师拉手牵走了。老师说我后来也是哭了的，但更多的是被其他的孩子所传染。每次说到这时您都要笑，笑我的后知后觉，但您的语气更多的是骄傲，骄傲您的女儿是为数不多的，被老师青睐、欣赏的孩子。

而欣赏我的原因也很简单——我能独立吃饭、穿衣、上厕所……这些，您从没有刻意的训练，但是在家里一直鼓励我自己来。我也从未觉得有什么不好，我喜欢玩那些喜欢的面条、米饭，喜欢把那些漂亮的衣服往身上套。而很多小朋友的哭哭啼啼除了离开父母是原因之一外，自己独立操作、动手能力不行也是一个很大的因素。

那天和同学逛街时，看到一对母女，女儿穿着一条漂亮的小连衣裙，纯洁可爱。可是看到妈妈吃的食物也舔着小嘴，刚要伸手去抓，却被妈妈一把拦住："妈妈喂你，别把我们的小裙子弄脏哟！"于是她的探索欲望就被这样无情地打断了。印象中您很少这样，您更多的是吸引我模仿您，但并不指点。人都说孩子就是天生的学习者，具有吸收力的心灵，您看小小的孩子，大脑都没有发育完全，就已经开始自发地学习我们的语言、行为、动作。我能自己做的，您从不假手，我想够到的，您也支持我踮脚。记得那次小侄子来我们家，您让他帮忙从楼下取快递的快乐。您让他拿着手机和我们开着视频，一步步指点他上电梯，开楼门，到小区门口，拿上快递……推开房门，我们迎接他时，那张微红的激动的脸和我

开启你的最强大脑

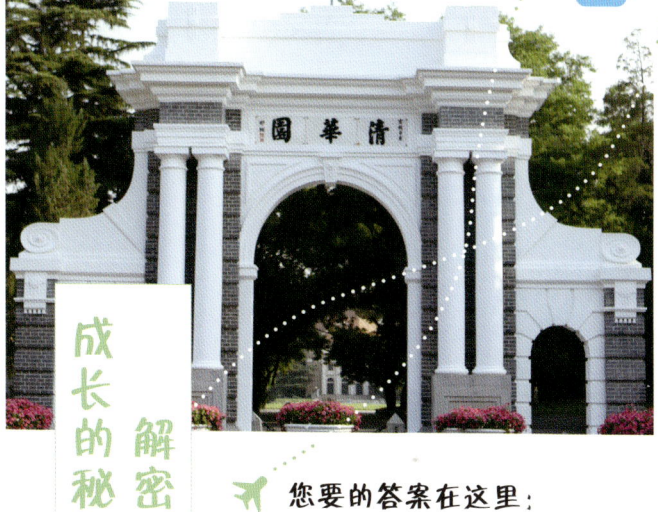

闻道清北

成长的秘密 解密卡

您要的答案在这里:

1. 父母如何与孩子成为朋友
2. 帮助孩子确立正确的"三观"
3. 父母这样帮孩子培养兴趣爱好
4. 应对孩子叛逆期的方法
5. 父母培养孩子融入集体的方法

扫码观看更多内容

扫码看视频课

5节清北学霸视频课

那张照片是何曾的相似。他来来回回，又往返了多次，巨大的成就感让四岁的他早就忘却了恐惧。其实，我们从来就勇敢无畏，勇于尝试，反倒是后来因为成年人的过多干预，开始变得畏首畏尾。感谢妈妈，您从未束住女儿的手脚，在风中，我得以肆意奔跑。

巧应对，退学风波

妈妈，您还记得接送我上学的那辆自行车吗？那天突然在校园中看到了一辆，居然一模一样，现在能看到这样的车已经很是不易了，但是在那时却好像是充满了我的整个童年。刚开始，是您载着我，再后来，我开始自己骑行。或许是现在路上的车多了，或许是父母能够提供的支持更加强大了，看到好多现在的初中生还在被父母接送总是有些不解。妈妈，您是怎么能够做到，让刚刚上三四年级的我自己独立上学的呢？

不止这些，好像从小学开始，您对我的学习也一直保持放养状态。所幸我成绩还不错，也没有过多让您操心。要说您真正的有什么参与，估计就是那次中考会考后的退学风波了。

中考我的成绩还不错，但是在咱们那个落后的县城，女孩上不上学无所谓的观点还是在很多人的心里存在的。会考后好多的同学都离家打工了，听着她们形容的外面的花花世界，我非常心动。记得我央求您不想再上学，也想出去见见世面。您当时的态度是直接否决，严厉且不可动摇。我从未见过您这样对待我，您不是一直都支持我要有自己的想法、相信我可以独立地做出判断吗？为什么一瞬间，您就颠覆了我对您以前的所有认知。我不解也愤怒，倒不是您的决定，而是您的态度。

第二天，您喊我上学，我没有出门。我把自己锁在屋里，当时已经做好了跟您对抗的准备，时刻准备着迎接您的质问。结果，整整一上午，您都没有来敲门，妈妈，您会不会觉得好笑，好几次，我透过门板偷偷地听着外面您的动静，这太出乎我的计划。

最后您还是来了，敲开门，只是说不上学就出去走走吧。于是我被您拉着下楼去了对面的公园溜达，已经记不清您是如何开场的，但气氛并没有多紧张，聊着聊着就谈到了我，您问我为什么不想上学，我倒是没有什么特殊原因，学习成绩还不错，厌学谈不上，但多喜欢也不算，只是和同学聊天后的一个简单想法，说实话我都没有太想好是不是对的，我没有告诉您的是我只是因为您的不同意而变得坚定了而已。但是您却像是我肚子里的蛔虫一样，一眼看出了问题所在。

这次，您没有直接拒绝我，比起昨天变得冷静多了。您说，不上学倒也不是不可以，只是我要想清楚，刚刚15岁，我到社会能干什么，是像我的那些同学一样直接上流水线吗，还是想在家啃老呢？然后还说，其实让我上学也没非要让我学出个什么模样，只是希望我能走得更远一些，看得更多一些，多接触些更优秀的人，未来的路能更宽一些……后来又大概给我讲了好多小区里、身边中的种种例子，您还跟我讲了自己没有上学的遗憾，甚至还见到了您从未流露过的脆弱。没有争吵，我们居然愉快地度过了一个温暖的下午。回到家时，已经到了晚饭时间，您让我休息一会儿，自己则进了厨房。看着您忙碌的身影，我五味杂陈。吃饭的时候，我告诉您，我明天还是去上学吧，您只答了一声"哦"就没再多说什么。

> 面对女儿的任性，您依然选择了理解，您倾听我的感受，了解我的渴求，捍卫我独立的权利。

妈妈，女儿知道，您从昨天到今天的转变，定也是内心经历了煎熬，可是您没有退缩，而是淡定地接受了女儿的无理取闹，以前觉得您只是一个普普通通的家庭妇女，每天关心着柴米油盐。可真正的您绝不是这样，您也许也有自己的故事，只不过为了我们选择了平庸，您可以是一朵娇艳的玫瑰，但却甘愿做了路边的一棵小草。面对女儿的任性，您依然选择了理解，您倾听我的感受，了解我的渴求，捍卫我独立的权利，但也用爱的方式告诉我选择的利弊，妈妈，谢谢您。

何其幸，有母如斯

思绪又回到了现在，妈妈，我已经好几个月没有见到您了，好想蹭在您的怀里。估计您又会说："这么大的人了！"肯定还是嘴里说着拒绝，但身体却会出卖自己。

"这么大的人了"好像是这几年经常听到的话语。是啊，我已经长大成人了，而您却在不断老去。您已经早早地不再替我做决定——初中选择高中，是这样；高中选择大学，是这样；大学选择专业，是这样；大学后我问您诸多事的意见，也是这样。您放心地把一切事情交给我，但我却少不了您那句"自己拿主意吧"，它让我踏实。泰戈尔的《流萤集》中说："让我的爱，像阳光一样包围着你；并给你，光辉的灿烂与自由。"妈妈，您做到了，我何其幸运，有母如斯。

想您！

您的女儿：秦

第 5 封家书

请让孩子把话说完

彭佳　高考总分：661
毕业于湖南省桑植县第一中学
就读于北京大学中文系

父母以丰富的生活经验为凭借，为孩子的人生操碎了心，而孩子则以接触到的新观念、新思想为理据，对父母的"死板老套"嗤之以鼻。但或许，争辩也并非坏事……

亲爱的老爸：

最近一切都还顺利吗？天气渐渐转凉，您早已不是当初的年轻小伙儿，在工作上不要霸蛮，一切以身体为重。

仔细一想，我许久没有以这种方式和您谈谈心了。小时候学校举行征文比赛的时候，我给在外地工作的您写过信，信的内容记不清了，但大抵不过是些为了拿奖堆砌出来的华丽辞藻。所以，这应当是我第一次正式地给您写信。

您或许奇怪，现在信息网络如此发达，千里的距离根本无法阻止我们随时随地地通话聊天，有必要用写信的方式吗？但聊天是两个人的互动，而写信是一个人的独白，认真思索的文字，力量总是大于脱口而出的话语。这封信比较长，但我相信您一定会耐心看完，因为里面有很多我没有对您说过的心里话。

权威的建立

12岁之前，我是个半留守儿童。

那时候的您，在外地工作，和您见面相处的时间少之又少。每年春节，您总是匆匆地回来，又匆匆地离开。

您的严肃令我畏惧，即使我努力回忆，也无法从脑海中翻找出有关于您的温馨画面。您似乎是抱过我的，但却是板着个脸；回家的时候，您会给我带礼物，但既不是可爱的娃娃也不是漂亮的衣服，而是我最讨厌的——作文书、故事书、科普书等。您不在身边的岁月中，它们大概是唯一能让我感知到您存在的东西了。

您对我着实严厉，不认真学习会训斥，对别人没有礼貌也会训斥。哪怕我是个女孩儿，您也从不留情。记得一次，您和妈妈带我去逛街，也许是因为许久没有一家三口共处的时光，激动的心情让我忽略了过马路时的情况，红灯亮着，妈妈在叫我停下，可还没等我刹住忘形的脚步，一辆摩托车就飞驰而过，您上前一把拽住，未等我心绪平静，担心的数落已经在耳边响起。确实，这些严格的教育对小时候的我非常奏效，毕竟，人们总是习惯服从于权威。那时候，因为害怕挨骂，我告诉自己，一定要听您的话，至少您在家的那段时间，我一定是个听话的小孩，懂事又乖巧。

您以这样的方式建立起了自己的权威，让我对您充满了畏惧。可是，做个听话的小孩好累。何况，我并不是一个真正的乖孩子。我经常觉得委屈，您是不爱我的，回家就短短的几天时间，您没有给过我一点温暖；我也经常愤怒，您缺席了我的大部分时间，一回来却对我指手画脚。我有很多话，但不敢讲给您听。

难越的鸿沟

转变发生在上了初中之后。那时候，您选择回到家乡工作，陪伴我上初中、高中。每天生活在一起的我们，不可避免地出现了矛盾和分歧。

> 我需要被倾听、被尊重，应当拥有表达自我的权利。

在您眼中，我并不是一个令您满意的女儿。懒惰、拖延、不爱运动、邋里邋遢……当然，最不满的还是在学习上。虽然我成绩很好，但您却很少给予我夸奖，似乎拿个好成绩是理所当然的事情。但如果考砸了，迎接的一定是狂风暴雨，您会黑着脸责问我为什么考砸，并让我总结原因。有时我的理由是试卷太难了，有时是因为粗心大意之类，但您总认为一切都是借口。我自然也不服气，毕竟这些确实都是基于事实或是我的认真反思，您却将它们视作逃避。好几次，我们都是因为这样的小事开始争吵，但事情却似乎从来没有真正解决过，无非是您坚持您的判断，而我不愿接受您的想法，于是谁都不肯让步，最后往往以我的泪水暂时告终。我感觉自己总是没有说话的机会，还没有好好表达就被您无情打断，我对您的不满就这样在心底慢慢堆积。

我们之间似乎隔着一条难以逾越的鸿沟，您有您的固执，我也有我的倔强，根本没有办法做到心平气和地交谈。对峙的局面慢慢形成，很长一段时间，我们都处于一种胶着状态，也是那时候，我意识到，我不可能满足您的所有期待，也不想完全按照您的标准生活。我需要被倾听、被尊重，应当拥有表达自我的权利。

伴随着知识面的拓展和信息量的增加，我的思想也被不断刷新。一次偶然，我阅读了《纪伯伦精选集》中一篇有关父母和孩子的文章，大体是说孩子也是独立的个体，父母不应当把自己的期待强加在孩子身上，每个人都有自己的路。那篇文章我连续读了好几遍，仔细琢磨，欣喜于我终于有了说服您的充分论据。

可那天晚上回家，我郑重地要求您读一读这篇文章后，却发现我过于高估了一篇文章的力量。您读后一脸平静，仍然坚持自己的想法，还说："没有什么个体不个体的，父母与子女之间的血缘关系是无法割断的。父母如果什么都不管，子女能健康长大吗？"

那时候，您知道吗？我失望极了，我感觉您对我完全是不屑一顾的，在您眼中，我不过是个毛头小孩，我能有什么想法，即便有也是不成熟的。而您自恃过来人的身份，只希望我听话照做，可那样的我跟个提线木偶又有什么区别，我愤怒且无奈。感觉要改变您简直难如登天，既然这样，那我就改变自己吧。我开始故意地疏远您，干什么都躲着您。

这样的生活维持了半年多，您大概也慢慢察觉到了我的变化。不知道是从什么时候开始的，我们的关系也悄悄发生了改变。

特殊的方式

我愿将这种变化称之为——由粗暴的争吵到温和的争论的跨越。您不再用您的权威迫使我屈服，让我做出和您的期待一致的改变。而我也不再因为争不过您就哭鼻子、闹情绪，甚至记恨在心。

争论依然存在，但更像是我们之间一种特殊的交往方式。

这种改变可能是源于您的妥协吧。就像高二分科，您希望我选理，而我自己想选文，虽然意见不一、争论不止。但当我坚持选择文科后，您转而无条件地坚定支持我，只对我说："革命尚未成功，同志仍需努力。既然选定了，就是新的开始，认认真真地学，别辜负了自己。"那时的我，突然就鼻子有些发酸。

是的，您妥协了。曾经不许我烫头发、涂指甲、乱花钱的您，开始一点一点地给予我自由。或者不能说是您的坚持动摇了，只是您选择了更加温和的态度。再次争论时，您没了坚决的反对，而是能够耐心地让我把话说完；您没有了以前的狂风暴雨，我也不再次次流泪。即便是我的观点没有被接受，我也不再那么愤懑不平，因为您已经让我把话说完，清楚地知道了我的感受。您开始成为一个合格的指路人，不再事事独裁，只是在我面临诱惑的时候，提醒我人生更重要的事情是什么。

争论不是只有语言一种形式，行动也是重要部分。您的行动就是最佳论据。

您希望我爱整洁，那是因为您总是能够把家里收拾得干干净净；您觉得我应当多运动，那是因为您自己每天坚持步

所谓的"叛逆",并不是孩子对父母权威的蔑视,而是我们表达自我的需要。

行上下班当作锻炼；您鼓励我多阅读多思考，那是因为您自己是一个爱书如命的人。我看到了您对待工作的认真，感受到了您对整个家庭的付出，发自内心地觉得，您很厉害。您的面目不再"可憎"，您的形象在我心中也慢慢高大，您是值得尊敬的父亲，更是值得尊敬的对方辩友。

渐渐地，我感受到了您的温度，一个会带着我出去晒太阳的人，哪里会是冷酷无情惹人厌的呢？我们相处的画风大变，很少再为鸡毛蒜皮的小事争得脸红脖子粗。您不再告诉我应该怎么做，只是问我："最近在学校怎么样呀？有没有什么开心的事愿意和老爸分享的呢？"您由一个发号施令的主宰者转变为了一个耐心的倾听者。好多次，我们总是聊着聊着就笑了。

高中阶段，繁重的学习任务常常压得我透不过气来，和您聊天成了缓解压力的重要方式。那时候，您常常趁工作清闲的时候去学校看我，了解我的近况。我会跟您抱怨压力大，也会和您分享取得的进步。这样的相处模式让我感到舒服和自在，我们是父女，更是无话不谈的知己。我们打开各自的心扉，又选择用最温和的方式表达出来。

我惊喜于您的改变，曾问过您："老爸，您以前可严肃了，什么都要管着我，为什么现在变了这么多呢？"

您回答说："你也长大了，有自己的想法，应该尊重你。小时候嘛，是因为你年纪小，不懂事，如果不管得严一点，走上歧途了怎么办？"

我们之间的争论不是为了争个输赢，父母和孩子之间，又何从谈输赢呢？争论更重要的意义是为了将内心的真实想法都告诉对方，不管是委屈也好，是不满也好，是偶尔的扬扬得意也好，表达和倾听让我们变得越来越亲近。

耐心的聆听让现在的我们，已经很少因为某件具体的事情争论了。但我还是一如既往地喜欢和您分享我的想法，喜欢在做决定之前听听您的意见。好像是习惯了您的反对一样，有时候听到您说："老爸也不太懂，你自己决定吧。"我会不满于您敷衍的态度。您便又会解释道："你长大了，有自己的思考了，老爸的想法还不一定有你的成熟。所以，不管什么事情，你自己考虑清楚之后就放心大胆地去做吧。"

您好像真的决定放手了，让我自己去大千世界闯荡。我终于可以完完全全地根据自己的心意做决定，却又不太适应这突如其来的自由。有时候会没来由地怀念上中学时和您谈天说地的那些时刻，还有什么比真诚的交流更让人愉悦的呢？我想我足够幸运，有一个知己一样的爸爸。

相距着几十年的生活经历，孩子和父母之间很容易产生分歧，但解决分歧的方式会直接影响到孩子的成长路径。有些家庭会争吵不休，谁也不愿意让步；有些家庭则为了避免争吵伤和气，选择容忍和退让。在我看来，争吵不休和沉默不语都不是解决矛盾的良方，沟通交流才是化解矛盾的最好方式。

> 让孩子把话说完,既是为了培养孩子表达和思考的能力,也是为了在真诚的交流中增进父母和子女之间的感情。

　　让孩子把话说完,既是为了培养孩子表达和思考的能力,也是为了在真诚的交流中增进父母和子女之间的感情。所谓的"叛逆",并不是孩子对父母权威的蔑视,而是我们表达自我的需要。如果父母没有耐心倾听孩子,又怎能期待孩子理解自己呢?"我们为你付出了这么多,你却这样不听话,让我们寒心"不应当成为绑架孩子的绳索,更不应该用"不懂感恩"打消掉孩子表达自我的欲望。

　　我始终相信,优秀的父母也应当是一位耐心的倾听者,应当尊重孩子,捍卫孩子说话的权利。老爸,感谢您能够放弃您的权威,给予我说话的权利,让我自由地表达我的想法,感受到被倾听、被理解、被尊重。您告诉我:"爸妈也不是圣人,也会有犯错的时候,也会有不对的地方。"您说:"我们尊重你的想法,你自己做决定就好。"天下没有完美的父母,也没有完美的小孩,但我们都在为了对方不断地调整自己,做出实际的改变,这才是真正的爱吧。

　　祝
身体健康,万事顺遂!

女儿:彭佳

第6封家书

理解与平等，父母与孩子共同成长

于思瑶　高考总分：640
毕业于辽宁省本溪市高级中学
就读于清华大学法学院

> 有句话说得好："幸福的人，一生都被童年治愈；不幸的人，一生都在治愈童年。"我很庆幸自己成长在一个气氛温馨有爱的家庭中。

亲爱的爸妈：

你们好！

第一次给你们写信还是在快要高中毕业的成人礼上，现在，我已经快要大学毕业了。

可能由于一直在精心呵护下成长，我之前并没有感受到你们为我创造的成长环境有多么的重要。直到大学期间，听到室友和她的爸爸妈妈在电话中吵架、互相指责，我竟突然发现，我们之间好像从未争吵，即便遇到问题和矛盾，你们都会帮助我一起面对、解决。当我取得好成绩的时候，是你们及时鼓励并告诉我不要骄傲；当我遇到困难的时候，是你们告诉我未来还长，不要气馁；当我做错事情的时候，是你们宽慰我成长就是试错的过程。在你们的庇佑下，我不断尝试，不断探索，向着自己的目标不断前进。

每当我和现在的同学们谈起父母，他们都会羡慕我有这样的爸爸妈妈，我也总是会感到满满的幸福。此时我正坐在校园的图书馆中，想起了你们，从小到大的种种又浮现在脑海中，感慨万千。

幸福的人，一生都被童年治愈

还记得小时候每天最开心的事情，就是在放学回家的路上开心地和你们聊天。妈妈接我时总会问学校有没有有趣的事情发生，学到了什么东西，有没有不开心的事情……爸爸接我时则会聊聊最近发生的新闻大事，问我周末想去哪里玩耍，或者是来段《三国演义》《水浒传》的故事。无论是春夏秋冬，刮风下雨，只要有时间，爸爸妈妈一定会来接我放学，即便工作忙也很少缺席。

记得很清楚的一次，是在小学三年级，由于没有及时完成老师布置的任务，我受到了老师的批评，一向优秀好强的我，眼泪直在眼圈打转。妈妈来接我放学的时候，我终于忍不住直接扑到妈妈的怀里，泪水止不住地流下来。您抱着我，摸着我的头安慰："有妈妈在，不开心就哭吧。"直到我哭累了哭停了，您才问我为什么，当我把事情的前因后果说清楚时，您笑着安慰我说这的确是个错误，但不能算大错，成长就是不断犯错的过程，改过就好，这也算是一次成长。

"犯错改正就是成长"到现在我一直记得。以后每当遇到困难、挫折、犯错误的时候，我都能回想起您的话，从这个过程中学习和成长，我要做的永远不是放弃或沮丧，吃顿好的，一切重头再来。

尊重选择，积极沟通

"长风破浪会有时，直挂云帆济沧海"这句古诗是我小学毕业后最喜欢的一句，也很希望自己可以乘风破浪，努力前行。

在小学毕业前夕，一个很关键的问题出现了——选择上什么样的初中。当时的政策我记得是按照学区上学，但是那个时候家里并不在市中心，如果想要去比较好的初中，就需要在市中心买新的房子，放弃现在的"家"。面对这样的选择，我第一次看到你们吵架，妈妈希望我可以接受更好的教育，执意要卖掉旧房子搬家去市中心；而爸爸很舍不得，希望我可以就近读书，不想我的成长有太大的学业压力。面对这样的问题，最后你们决定把选择权交给我自己。

在一个周末的上午，你们告诉我，如果我选择重点初中，可能会面临很大的学习压力，但压力也是动力，对我的学习会有一定好处，只不过我们要搬家去市中心；如果就近读书的话，生活会方便一点，学习环境也相对宽松，但对高考来讲，这也不一定是好事。你们希望我自己做出选择，因为这是我自己的事情。

最终我选择了去市中心的重点中学读书，因为我希望自己可以"乘风破浪"。卖掉旧房子，我知道你们是不舍的，但是为了支持我的决定，你们没有一句怨言，很快我们搬到市中心，开始了新的生活。幸不辱命的是，初中阶段我的成绩还保持得不错，最后以中考全市前十名的成绩考入省重点高中，看到你们欣慰的笑容，女儿终不负你们的一片苦心。

在清华的校园里，每回顾起这段小时候的经历，我都非常感谢爸爸妈妈，你们把选择的机会留给我，正是以前的这些经历，使我在今后的生活学习中也可以勇敢地做出选择，

何必要在乎别人的眼光，选择是做给自己的，结果也是自己的。

包括大学的专业报考、转专业、实习等。在你们鼓励和尊重下，我逐渐学会认识自己，了解自己，做适合自己的决定。

再困难，也有你们陪伴

生活就是起起伏伏的过程，谁都难免会遇到低谷和迷茫的时候。尽管我顺利地考上了高中，但是在高一的时候，由于面对新的学习环境，与新的同学和老师间的交流不畅通，我的成绩大幅下降。那个时候，我每天都很焦虑，很想提升，但是又不知道该怎么提升。再加上高一第一个学期结束之后，就面临着文理科的选择，对于我来说又是一个挑战。我的文科相对更有优势，个人也很喜欢，但是选择文科似乎在众人眼中就意味着理科不行，我讨厌那些自己都能想象出的鄙视的目光，感觉面子上会很难堪。面对这样的迷茫困惑，我又开始焦虑沮丧起来。

"不要想那么多，选择本来就没有什么对错，不必在乎别人的看法，适合自己的才是最好的，不要怕，顺从自己的内心。无论如何，还有爸爸妈妈在。"妈妈，您这样对我说时，您知道，我有多感激嘛！对啊，何必要在乎别人的眼光，选择是做给自己的，结果也是自己的。在提交选课报名表的时候，脑海中又浮现出妈妈您的鼓励，我自信满满地走上讲台，勇敢坚定地选择了文科。选择文科之后，我的成绩一直非常优异，果然适合自己的才是最好的，最重要的是我确实乐于

> 选择本来就没有什么对错，不必要在乎别人的看法，适合自己的才是最好的，不要怕，顺从自己的内心。

学习这些知识。

就在一切看来顺风顺水、高二这个重要的承上启下的阶段，我的成绩突然出现下滑，连自己都始料未及。由于成绩下降，班主任立刻找我谈话，让我调整状态，但是我却始终不知道自己的问题在哪里，持续又努力一段时间之后，成绩还是没有提升。

感觉自己的学习突然进入瓶颈期，怎么努力也没办法提升了，学习的动力也略显不足，与此同时，我陷入了情绪的低谷。心态的焦躁，学习任务的枯燥，"怎么努力也没有用的，我不想那么累了。"我垂头丧气地和你们说。不知道当时的你们是什么心情，庆幸的是，我没有看到你们的痛心疾首、威逼利诱，你们只是告诉我："累了就先休息一会儿，不要太着急了，学习是个坚持的过程。"

没有想到的是，两天后的一个晚上，妈妈您突然给我看您的驾校报名表。我知道，您一向是很想学习开车的，但是由于工作繁忙，一直被搁置着。当时我有点诧异，不知道为什么您要去驾校报名学车，更不知道为什么还要郑重地拿给我看报名表。"看，妈妈要去考驾照啦，妈妈陪着你一起学习进步，你在努力，妈妈也不能落后，咱们一起努力，看看谁能最快突破。"妈妈，您定然不知道，我当时内心的感动，脑子中突然就想起不知哪里看过的一句话："最好的教育是陪伴和成长。"

我重新燃起了斗志，坚定了突破的信心，每当遇到难啃的知识点、学不会的题目，我立刻想到的是您的驾校报名表，心中好像又有了一份动力。几个月后，我的成绩逐渐提升了上来，成功度过了这段学习的瓶颈期，这个时候，妈妈您也成功地考完了驾照。还记得那个假期，您开车带着我去爬山、郊游，好不惬意。

"这算是对我们两个人一起努力的奖励！孩子，高三加油！妈妈相信你！"在山顶上，您对我说，这句话也成了我高三的动力，高三，拼了！希望自己能够不负青春，不辜负自己的努力，也不辜负爸爸妈妈的信任。

亲爱的爸爸妈妈，感恩你们在我的成长过程中给予的尊重、鼓励和陪伴。现在我有了更多的选择、挑战、困难，虽然也还是会偶尔犯错，但只要回想起过去你们的鼓励，我就能勇敢地做出选择，面对困难，相信自己。不知不觉，曾经的懵懂小孩马上就要大学毕业了，即将独立面对自己的生活，我却并不害怕，因为我相信你们的爱将成为我未来成长中的动力和支持，会持续陪伴我走向未来的路。

希望自己在未来的日子里，可以少让爸爸妈妈操心，你们陪我长大，我陪你们变老！

爸爸、妈妈，我爱你们。

祝

身体健康，工作顺利！

你们的女儿：思瑶

第 7 封家书

儿时的梦想终会指引我们前行

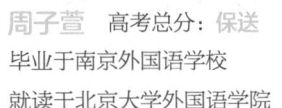

周子萱 高考总分：保送
毕业于南京外国语学校
就读于北京大学外国语学院

> 父母应该保护懵懂的孩童最本真的愿望，不摧残其破土而生的自然力量；合理地为其指明方向，使其不落于空想；在合适的时候浇水施肥，助力孩子茁壮成长。

亲爱的妈妈：

  您好！除了小学时一些课程作业的要求外，这可能是我第一次提笔给您认真写一封信。之前和您聊天时听说南京仍是火炉天，而北京入秋已经转凉，地上陆续堆积起了银杏叶。希望这封信到您手里时，南京已渐渐凉爽，桂花飘香。

  燕园里的秋景是极美的。连着下了几天雨后终于迎来了大晴天。清朗的蓝天总是很高，让人不禁想将手尽力伸长、伸长，浸入那抹蓝色中。而博雅塔和未名湖构成的独特一景，着实应了那句"未名湖畔好读书"。

  在湖边漫步，走入朗润园深处，儿时的一个玩笑般的问题总是萦绕在我的脑海。"长大后，是上北大还是上清华啊？"现在这个问题已经有了最后的答案。但您不知道的是，当时和您针对这个问题进行的讨论，抑或童言无忌，抑或意义追寻，都在我心里种下了一颗小小的种子，名为"理想"。

  "理想今年你几岁，你总是诱惑着年轻的朋友"，这是赵雷在《理想》中写到的歌词。理想究竟是什么？是让人夜不能寐的诱惑空想，还是让人在绝境里也不放弃的召唤？现在的我，心中早已有了自己的认识，但对儿时懵懂的孩童，却是经过您的点拨才稍有所悟。就是当初一个小小的萌芽让我在人生这条长长的旅途上坚定前行，在每一个岔路口厘清自己究竟所想所要的是什么。现在，好想和妈妈再叙一遍……

缘起:"考上清华北大"

小时候每当有人问"长大想做什么"的问题时,我都会歪头认真思考一下。其实现在回想起,未免有点"黑历史"的味道。童年无忌的故事总是不忍回顾的。但这或许也是孩童的特权吧。孩童不需要去考虑如何解决一个问题,解决问题需要哪些条件。但也相应的,孩童的梦想极易被轻视。当演员,当宇航员,当狙击手……我想很少有家长会把这些天马行空的梦想当真,仅仅只是觉得谈起这些事情时的孩子很可爱。

在我们那个教育氛围并不浓厚的小区里,若有谁家的哥哥姐姐考上了大学,一定会成为热闻,在小区里口耳相传。您也曾问过"以后上哪所大学"这样的问题,而我也煞有介事地和您谈论。不知道您是否还记得我小时候谈起梦想时的场景?

终有一天,我问出了这样一个问题——"中国哪所大学最好呀?"现在写下这行字我还不禁脸红。您告诉我,清华大学和北京大学都是中国的一流学府。于是,"考上清华北大"便成了我对于"孩童范式问题"之一——"以后想做什么"这个问题的解答。

大人们对于逗小孩都乐此不疲。我"想上清华北大"的回答,几次收获了他人"赞许"的眼光与"哟,小姑娘有目

> 理想引路,不要单单地将其当作空想,需要努力地、一步步地朝其迈进。

标"的评价后,您严肃地拉着我进行了一次长谈。现在回想,当时作为小孩的我没能看出其中端倪,而您却敏锐地发现了这个梦想似乎正在成为稀松平常的玩笑,在家长里短的谈论中不断降低价值。

记得当时您问我:"理想和目标有什么差别?"真的是一道太难回答的词语辨析题。我说不出所以然,您耐心地带着我一步步推导:想做出好吃的蛋糕与想成为一流的蛋糕师之间的差别,努力训练成为一流蛋糕师与白天游玩、晚上做梦成为蛋糕师之间的差别……几番推演,我也将理想和目标的形状描绘出了大概。理想引路,不要单单地将其当作空想,需要努力地、一步步地朝其迈进。您把"志存高远"这四个字的重要意义融刻进我的脑海。"努力考上清华北大"是我心中最初的理想种子,它为我指明了未来的道路,在得意时、低谷时都推动我不断前行。

您还告诉我、教会我——"要做就要做到最好"。您常常和我讲小区中哥哥姐姐们的学习故事,刻苦努力,名列前茅,之后进入了哪所哪所大学进行深造,有了怎样怎样的成就。因此在以后的学习、体育、创作等诸多活动中,我永远都是向更优秀的同学看齐。而对于当时的我来说,"努力考上清华北大"这个理想就像一束光,我向往着它,朝着它的方向;"要做就要做到最好"就像是一支箭,在后面不敢懈怠地追着光,就怕稍有不慎,迷失前路。

遇事不惊慌，人生还长，
每条路皆是风景。

感谢您,妈妈,感谢当时的您没有把我的话当作戏言,而是一路为我加油,督促我去实现。

跃升:做个对社会有用的人

时光流逝,曾和您讨论一道关于"国旗下讲话"的题目,您还记得吗?小学时,我有幸获得"国旗下讲话"的资格,题目是《你以后想成为怎样的人》。对于懵懂的小学生,对于未来的描绘,我仍十分模糊;能不能把自己的一些未成形的愿望拿到公共场合去讲;这些想法在别人听来会是什么反应……对此,我一无所知。现在,读了一些书,经历了一些事,进行了一些实践与思考后,对于这个话题,我的答案会无比坚定,但当时的自己面对这个题目却真的无从下手。

于是,我去找了您,希望能得到一些灵感。您没有正面回应却反问我钦佩什么样的人,我又一片茫然。我重新浏览了书架上的书脊:《钢铁是怎样炼成的》中的保尔·柯察金意志坚忍不拔;《名人传》里的德国音乐家贝多芬,意大利的雕塑家、画家、诗人米开朗琪罗,俄国作家、思想家、文学家列夫·托尔斯泰,都是各自领域里的伟人,在肉体和精神上经历了人生的种种磨难后,却为创造不朽的杰作贡献了毕生的精力……他们带给我的精神冲击是巨大的,这些伟人都让人钦佩。

我不禁重新思考,伟人为何会成为伟人?这时,您又帮助我将这一个个点连成片——寻找伟人事迹中的共通点。他们所做的事情都不是只为了个人。保尔、马克思背后是所有的无产阶级，贝多芬、米开朗琪罗、托尔斯泰的创作都与每一个人的情感体验息息相关，一个人的工作或事业，总要与别人相关联后才会有更长远的价值。您带我看向所用课本封面上的一行小字——"努力学习，回报社会"。最初的话题竟渐渐在我面前铺展开来：想成为一个怎样的人——对社会有用的人。那天在国旗下的讲话，我说给同学听，更说给自己听，我给自己立下了一生的目标。躲在学校围栏外倾听的您，当时是怎样的心情？

三百六十行，行行出状元。在您的引领下，我对这个道理的理解也不断加深。我总是记起每当有同学找您寻求帮助时，无论您手上在做什么事、无论当天是否夜色已深，您都会事无巨细地为同学做好服务。后来，我担任中队干部、进行志愿服务的时候，您工作的身影都会闪现在眼前，我努力向您看齐，将个人的学习、工作与社会做紧密结合后，每一天我都更有动力。

何为长远？

但后来，我还是遭受了不少打击，向您哭诉了不少次我遇见的不如意。小到一次考试的失利，大到理想的渺茫，怎么走也走不到的尽头，巨大的自我否定。妈妈，您是怎么看待女儿的呢？可能是有点脆弱吧，遇事总容易慌张。"还是不太成熟啊"是您对我惯常的评价。

还记得吗？为了扭转我的固有想法，您努力将我的目光培养得更长远。"人生是段很长的旅途"，现在的我完全可以接受这个说法，可当时的自己却会因为一次考试的失利而仿若世界崩塌。为什么会有"大器晚成"这个成语？那是因为每个时段努力都不晚，10岁与50岁没有上下之分，只要有想做的事情，什么时候开始都并不迟，您如是说。多亏了您带我转变，我不再因为短期的失利而自怨自艾，目标长远，如果离目标还有距离的话，一门心思朝着走下去才是正途。您教导我，一段长长的旅程可以有很多中转站，合理地设置中转站能帮助我休息，也能帮助我更好地启航，目标太大就要自己有所规划。

妈妈，现在的我，自认为在不断地向您的行事风格靠近——遇事不惊慌，人生还长，每条路皆是风景。在纷杂的当下，女儿自傲能做到如此纯粹，真的、真的不容易。理想如明灯，您也睿智如明灯，照亮了我前行的路。

边写边追忆，不由得多次沉浸在过去的故事里，天却已微微亮。估计您又要怪我熬夜了。但今天的夜晚，星星在冲我眨眼睛，我伸手摘星。

一路走来您对我的教导、关心、叮咛、潜移默化的影响，让我知道了何为人生、何为理想、何为人生理想。您带我从

> 为了扭转我的固有想法，您努力将我的目光培养得更长远。

理想如明灯，您也睿智如明灯，照亮了我前行的路。

书中寻找答案、从他人的故事中寻找答案、也在每一次的多元尝试中寻找答案。您要求我将目光放得长远、更长远些，脚下却要踏实、再踏实些。不要因为短暂的成功而沾沾自喜，也不要因为一时的失利而止步不前。耳边不禁又响起赵雷在《理想》中写的这几句词："理想永远都年轻，你让我倔强地反抗着命运，你让我变得苍白，却依然天真地相信花儿会再次地盛开……"

我会带着我的人生理想一路前行。妈妈，衷心地感谢您。

女儿：子萱

第8封家书

家庭中正确的沟通模式

于 艳 高考总分：外语类保送
毕业于南京外国语学校
就读于北京大学外国语学院

孩子走向成年的过程中，家长需要同时或者更先一步成长。安全宽广的亲子空间需要父母与孩子沟通磨合去共同打造。

亲爱的妈妈：

见字如面。

北京前几日寒潮来临，已经到了扳着手指头等着暖气来的日子。您在家里也要注意保暖，秋冬换季，多多防护。

最近我养成了晨跑的习惯。到了时间便会自然醒，想要下床去蹬几脚。在操场上感受清晨的第一缕阳光，呼吸在微冷的空气里化为白烟，身上渐渐暖和起来，精神地开启一天的学习生活，这种感觉是十分迷人的。说实话，感觉很久没有拥有这种自律的、健康的生活节奏了。放到小学时，我是根本不敢想象自己会有一天能在上课前进行晨跑的。毕竟当时我整个人最大的特征便是"马虎""丢三落四"，时不时就会让您帮我送东西，更不要说自己管理自己的健康状态了。还记得我当时最讨厌的就是体育课。如果哪天出门闷闷不乐，那肯定是因为那天有不想去上的体育课。对于现在的这个转变，我也感到有些吃惊。

但今天给您写这封信的理由不是求夸奖，最想要做的事是和您说声感谢。您可能会觉得有些突然。但有的时候一些微小的事情便会勾连起人的整片回忆。而回忆开始的契机是我今早看见的一条朋友圈。发朋友圈的是个阿姨，家里有个三年级的小男孩。小男孩去上课，忘记带自己的美术包了，里面有着上美术课需要用的一些水彩笔、水粉、宣纸等。于是和妈妈说了这件事。本以为会被妈妈指责一通，妈妈却和善地告诉他:"没关系,妈妈今天没有其他事,可以帮你送过来。"男孩不敢相信,问:"妈妈你不怪我吗?"妈妈回答:"不怪你啊,但你需要思考,下次应该怎么做,才会不忘记带东西呢?"男孩思考了下回答:"下次临睡觉前就把美术包和书包放一起,这样就不会忘了!"最后这位阿姨评价,家庭教育中需要更多更多这样的和谐、非暴力沟通,这样才能共创一个安全宽广的亲子空间。时空流转,这条朋友圈的场景与我们之前的一些关于"让家长帮忙送东西"的事重合,一些关于"管教"与"沟通"的故事就此展开……

一个矛盾

还记得小时,因为我忘带东西这件事没少挨您的骂。仗着家离学校近的优势,我总觉得忘记带作业也无妨,你们能帮我很快送过来的。不过小孩子也是有点心机的,比如说,如果今天您和爸爸上班,家里便只剩外婆外公。如果有忘记的东西麻烦外婆外公来送,我完全不会紧张。因为他们从来不抱怨、责怪,可惜他们经常弄不清东西在哪儿,有一番好找。而您就不一样了,您可以轻松定位到我要的东西,唯一的问题就是经常凶我,怪我为何不自己管理好自己的事物。您知道吗,您瞪我一下,我就无比紧张。

但低年级的我是无法做到自我反省的。那时的我经常在内心里嘟囔:"为什么外婆、外公不多说一句,而我只是麻烦一件对于您来说是举手之劳的事情，您却要这样。同学的家长也经常帮送东西，难道我让老师批评是您想看到的结果吗？"当时的我总是觉得别人的妈妈更好，甚至有时刻意和您作对。您越是指责我，我越是不安分，颇有些破罐子破摔的意思。

当时的我们好像都不懂如何沟通。我一直害怕您，与外婆更亲近。外婆是正向激励式育儿，而您是否定严格式育儿。但我也知道，偶尔您会在学校的小矮墙外，透过围栏，看我做广播体操。

一个转变

我觉得我的叛逆期很早就开始了。小学进入到中年级，我的成绩不错，一直是老师眼里的好帮手、同学家长眼里的"别人家的孩子"，小尾巴便渐渐翘上了天。您还记得吗，有次家长会，老师邀请您去做经验分享。我当时心里想，您有什么好分享的呀，难道分享怎么指责我、分享怎么管教我吗？现在想想真的好愧疚，我的自大都源于我的无知和怯懦。我太清楚自己的本质是个不听话的孩子，害怕被人们发现；我从来没有看到过您的付出，觉得一切都是靠的自己。那时的我有些幼稚，有些任性，妈妈，您是不是也这么觉得？

后来，我偶然发现您在看一本关于家庭教育的指导书。应该是看得很仔细吧，有笔记，有勾画。一开始我觉得很奇

最好的状态是成年心态与孩童心态的结合，既能看见前路可能遇见的苦难，又能保持勇敢。

怪，因为我认为您从来不会对自己的教育方式进行反省，就像我也很少去反省自己的做法有什么不对。

有一次，我还是忘了带美术课的水彩笔。进校门前回过头，怯怯地和您说了这件事。没想到您告诉我："妈妈今天没有其他事，可以帮你送过来。"没有了责怪质问，我很不适应，又不禁怀疑您是不是遇见了什么好事。但不管直接原因是什么，我们俩在和谐的气氛下进行了一次交流，您带我去思考下次应该如何去做、去避免这种情况的发生。我不再是咄咄逼人的那只刺猬，也小心翼翼地试探着和您敞开心扉。后来您讲是书中的观点给您的启发，其实那时您是强压火气才看起来心平气和地说出那句话的，我有些想笑，但又有了很大触动。妈妈您在反省，我是不是也要进行自我反省呢？改变是需要孩子和家长双方同时都使出力气的。

> 我看见您以更加开放的姿态去包容我们在成长过程中犯的一些错误，我与您的关系也不再那么紧张。

后来在弟弟的成长过程中，我看见您以更加开放的姿态去包容我们在成长过程中犯的一些错误，我与您的关系也不再那么紧张。或许孩子的成长过程更是家长的成长过程。有研究将不同的家长类型做了分类：监控型、放手型等。但我觉得，不管是哪种类型，都需要像后来的您一样，张开怀抱接纳孩子的每一个想法、每一次快乐、每一次错误。

一次分歧

成长过程中，"送水彩笔"事件实在是太小太小的一件。

不局限于我们之间，众多父母和孩子之间的"角力"其实多体现在人生的一些大选择上，此时，"代沟"更仿佛是无法跨越的一个话题。孩子和家长思考的出发点、在意点、追求点总是不一样，这些小对立有时在人生的一些大选择上就会爆发。

我们第一次经历的大争吵是在高中择校的话题上。您想让我顺着初中的路，继续上外国语学校，这样不用出校，连贯的教学体系、熟悉的老师同学，会让我更容易集中精力于高考学习。诚然这是一条捷径，我可以不用花费过多时间在适应环境、调整习惯上，也有更多的余力去进行素质教育，但我并不想走这条路。一是我觉得自己并没有学语言的天赋，在外国语学校的学习生活是痛苦的，更想去一所"适合"的高考强校进行历练。二是我想让自己多些挑战，这样才能有之后真正的自主选择。您不理解，还反问我说："女孩子学语言不好吗？""妈妈是'为你好'。"妈妈，当您以居高临下的姿态为我提出这些建议时，请原谅我很难设身处地地与您共情，只是更想反其道而行。

其实到现在，我还是很讨厌"为你好"这个说法。"为你好"的出发点是非自己的个体对事件的利弊分析后单方面给出的一个解决方案，而缺少双向沟通讨论的过程，这本身就是不与他人进行共情的表现。那么多的父母都说"为孩子好"，可是什么才是好，孩子真正想要的是什么？这些问题却很少被提及。

当然，我也有很多需要自我反省的地方。家长是不希望孩子冒险的，当时的我太注重自己的感受，从没有站在您的角度，去理解您的苦心。但孩子终归是孩子，年轻的时候，人们没有遇见实际问题，都认为自己有着势如破竹的能力，可以迈过难关。可是当问题与挑战真正来临之时，孩子却往往缺少经验，缺少坚定的信念。最好的状态是成年心态与孩童心态的结合，既能看见前路可能遇见的苦难，又能保持勇敢。正如罗曼·罗兰所说："世界上只有一种真正的英雄主义，那就是认清生活的真相后仍然热爱生活。"而为了达到这一境界，我想，或许您的"为你好"以及孩子的"我想要"，两者都是必不可少的东西。

而两者间调和的关键在于倾听、沟通。

我在网文上曾看过一句话"20岁时觉得父母古板，30岁时想多听听他们意见"，为什么非要等到30岁？对于孩子来讲，每个父母的初衷都是想让我们少走弯路，倾听不妨就现在；对于父母，也要学会放手，让孩子能在风雨中历练。"沟通"是万事万物的桥梁，相互扶持、相互理解，才能构建出和谐的亲子空间。

妈妈，感激您那时做的改变，为我营造了一个安全宽广的港湾。您的爱像涓涓细流，滋润、环绕着我的心田，就让这封信捎去我的思念，带去我的问候，爱您。

祝您和弟弟

开心快乐！

女儿：于艳

第9封家书

退让与引导是
帮助孩子度过青春期的良方

都心仪 高考总分：703
毕业于河北省衡水第一中学
就读于清华大学经济管理学院

面对青春期的孩子，我们更需要的是相应的理解尊重与换位思考，以平等的地位对待自我意识渐强的孩子，适当的退让、纵容与肯定，有时候会成为双方有效交流的关键。

亲爱的爸爸、妈妈：

展信佳。

今天和张叔叔一起待在客厅里，面对着一扇紧闭的门面面相觑的时候，我又想起了你们。门的背面是小云的房间，我和你们说过的那个初二的女孩，那个我很喜欢的女孩，她和叔叔阿姨吵架了，把自己锁在了房间里。

明明是下午时分，天色却很暗，云层密密麻麻地压着，压得人喘不过气，客厅里鸦雀无声，只能隐约听到隔着厚重的门板传来的啜泣。我和阿姨站在门口前劝慰，轻声细语，叔叔拎起电话，大声说着要找开锁公司过来。

眼前似曾相识的一幕，恍惚间犹如置身那段青葱时光。青春期的我有如初生的牛犊，有着前所未有的勇气，觉得反抗你们就是不畏强权，据理力争；觉得不听劝导就是坚持自我，个性独立；觉得成熟的标志，便是和你们对着干。

现在，我站在了门外，又回到了那段我把自己关在房间里闹脾气的时光，那段拿着手机大声说要"劳逸结合，不想变成书呆子"的时光，那段想要紧跟潮流，觉得打个耳洞更酷的时光……是你们不厌其烦地规劝和不着痕迹的引导，是你们把握家长"权威"与换位思考的平衡，是你们一唱一和与以退为进的谋略，才能够在年龄的鸿沟之上架起一座桥梁，才让我在不知不觉间安安稳稳地迈过了"青春期"的门槛，真正地走向了所谓"成熟"。

在这里，在我走过年少无知、走过青春叛逆的现在，有一句话如破土的春芽，想骄傲地向全天下昭示，那便是——谢谢你们，爸爸、妈妈。

沸水需静候，方可入喉

"嘭"的一声，窗台上的绿植被震得晃了几下，剪落了一地破碎的阳光。

我摔了门，看着整洁的陌生的书桌和被收纳好的文具，自己独立空间被侵犯的烦闷涌上心头，恨不得抬手推翻笔筒，好还原成我一周前离家上学时的模样。

我思绪纷飞，这是我的房间，妈妈凭什么不经过我的同意就进来，数落着我的不整洁，我都上初中了，您怎么还管东管西……

不知道过了多久，您叩响了门："出来吧，鸡汤放凉了。"

浓郁鲜美的香味沿着门缝钻了进来，勾起了我对美食的回忆，有那么一瞬间，我想"不计前嫌"地出去，又想起我们还在吵架，最终一声不吭，任由您敲了一遍又一遍。

您在外面开始温柔的道歉，说着不应该凶我、乱放我东西之类的话。我抬眼，干净的桌面、从高到低依次排列的书本、分门别类整理好的笔……哪怕以最严格的角度评判，也和"乱"字没有丝毫关系。突然想起，那是我口不择言喊出来的话——"我的东西都被您弄乱了。"心底的某一处猛地被

> 青春期的孩子，其实已经明白了很多道理，也知父母是为他们好，只是有时候不能控制自己。

触动，像蝴蝶的翅膀轻轻蹭过掌心，听到您道歉那一瞬间的快意，被惭愧代替，愧疚于自己的无理取闹。

十三岁的我还有些放不下自己的面子，觉得和您道歉有些丢脸，只是沉默着，接过了那碗汤。殊不知，从开门那一刻起，胸中一腔滚着气泡的沸水，早已如同手中捧起的鸡汤，在静置中冷却，在等待中反思，最后变得甘甜可口，沁润心脾。

从那以后，很多关于我的事情，您都会和我商量，小到买一件衣服，大到去哪里旅游，哪怕我们真的起了争执，也会有人先退让一步，最初是您，后来我也渐渐退让，家里的木门也就顽强地撑到了现在。

青春期的孩子，其实已经明白了很多道理，也知道父母是为他们好，只是有时候不能控制自己，或者越是没道理，越是想要靠争吵显得更理直气壮，非要闹得声势浩大，好让人妥协。这时候，孩子需要的不是无可反驳的真理，而是适当的服软和更耐心地沟通。只有心平气和地谈论，才能够真正让孩子明白父母的用心，便于解决问题。

袄衣待暖阳，才愿褪下

夏日的午后总是令人倦怠，没有一丝儿风，只有骄阳不知疲倦地散发着炙热，烤得阳台上植物都耷拉着脑袋，有如被责骂的幼童。而正在被爸爸训斥的我却梗着脖子，厉声反

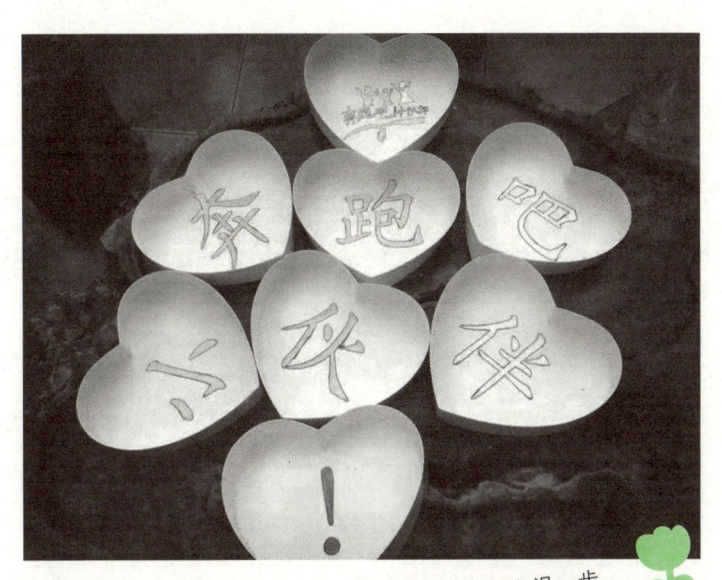

以尊重为地基，以平等为支柱，彼此各退一步，用合适的方式表达自己的诉求、构建有效交流的桥梁，定能找到彼此都满意的、能够解决问题的方法。

驳您的观点，我认为自己玩一会儿手机无关紧要，毕竟之前您说过要"劳逸结合"。

您高大的身影站在阳台的门前，逆着光，拉出一道黑压压的阴影，您的表情有些凝重，并对我说，不是不让我玩手机，是希望我能把握好玩手机的度，因为我玩的时间已经很长了。

> 青春期的孩子，逆反心理尤为严重，此时正是我们渴望自由，却又需要引导的时期。

听了您的话，我内心更加叛逆，妈妈似乎看出了我要反抗的迹象，开始劝说爸爸您不要太过严苛："女儿如果完成了学习任务，剩下的时间就让她自己安排吧！"我一边连连点头，一边回忆"学习任务"——突然想起作业，赶紧趁你们还没发现，回屋缩头补上。

从那以后，或是妈妈，或是爸爸，你们的立场总是那么摇摆不定，或是站在我的对立面，以长辈的立场教训我，或是和我同一阵线，支持我做的合理决定。我想起了《北风和太阳》的故事，只有和煦的暖阳，才能让行人甘愿脱下厚重的棉袄。时至今日，我也终于看明白了你们的默契与用心良苦，小心翼翼地扮演着狂暴的"北风"与温和的"太阳"，平衡教导与理解的界限，规避冲突，让我不知不觉间，与你们达成了和解。

青春期的孩子，逆反心理尤为严重，此时正是我们渴望自由，却又需要引导的时期。这时候，我们需要的不是强有力的镇压与命令，而是适当的纵容与正确的引导，爸爸妈妈，谢谢你们始终有人站在我的身边，支持着我，让我在潜移默化中把劝导落实到行动，把矛盾解决于无形。

雏鹰经训练，终能振翅

商场的货物总是琳琅满目，如织的游人穿行其间，透过层层叠叠的人影，精致小巧的耳钉在灯光下泛着银色的光。我的目光不由自主地被吸引，想起了同学耳垂上那星亮眼的银，我挽着您的手，站在了耳饰店的门口。

"妈妈，我想打耳洞。"

并不是突发奇想，只是过往的每次提起都被轻而易举地岔开或敷衍而过，此时天时、地利、人和，我有信心必然能达到自己的目的。

"行啊，应该挺好看的，我就不敢打，你不怕痛就好。"您出乎意料地同意了，捏着我的耳垂，"会有针穿过这里的哦。"

我犹豫了一下，还是坚定点头，"我不怕。"

"现在天气有点热，可能容易发炎，你不是说你同学当时就发炎了嘛，你弄完一定要注意。"您一边领着我往店里走，一边说，"是不是有一周都不能洗头？"

没想到以往和您随口的交流都被记在了心里，现在说出来，无疑有效地动摇了我的决心。

"学校不会找家长说你学坏了吧？老师不管我就不管。"

学校管理严格，虽然不至于通知家长，但会扣掉相应的操行分，更有甚者还会通报批评，我有些有气无力，设想在国旗下被通报的未来，心头一跳，终是扯着你离开了店门。

不过，在毕业后的那个国庆，我成功地拥有了自己的第一对耳饰。

回想起来，从牙牙学语到现在，您好像从来没有过那种明确的、斩钉截铁地拒绝。小到讨要一颗糖果，大到决定暑假去参加夏令营，您从来都是先肯定着我，再会引导我分析利弊，培养我独立思考与做出决定的能力，像是训练雏鹰一般，最后终是为了让我展翅飞翔。

青春期的孩子，已经有了许许多多自己的想法，或追随同伴，或彰显个性，亦对亦错，他们总想要达到一些目的。这时候，孩子需要的不是父母自以为的正确或替代的决策，而是需要相应的支持与合理的分析，这不仅能让双方理性讨论，避免孩子听不进去道理从而爆发无意义的冲突，也能够让孩子锻炼思考问题与合理决策的能力，更有效地帮助孩子成长。

窗外惊雷乍响，雨声哗哗，敲打在玻璃上，蜿蜒而下，让我有种泪水延绵的错觉。天际依然昏沉得没有一丝光亮，只能隐约勾勒出桌面上书本的轮廓。我揽着小云，和她说起那些往事，那些我以为早已在时间的浪潮下褪色、今日回想却历历在目的往事。

小云抽抽搭搭："我知道，其实我知道我有些地方做得不太好，但是……但是……"

像是训练雏鹰一般，最后终是为了让我展翅飞翔。

但是青春期的我们总是倔，也总是自尊太过，总是不愿意听从自己也知道是正确的规劝，总是硬着头皮大声和父母嚷嚷，也总是坚持自己不成熟的想望。但你们包容着我们的缺点和脾性，用耐心与恒心，用泪水与汗水，一点点地引导、渗透，让我们逐渐更正自我，与叛逆和解。有时候，你们也会控制不住自己，会发脾气，会感到无力，但没关系。我们可以慢慢摸索，一点一点地找到彼此合适的相处模式，就像是小云和她的父母、全天下所有的儿女和父母。

渴望独立却需引导的孩子和想要管教却苦寻无方的父母，只要双方静下心来，站在一起，以尊重为地基，以平等为支柱，彼此各退一步，用合适的方式表达自己的诉求、构建有效交流的桥梁，定能找到彼此都满意的、能够解决问题的方法。

外面骤雨初歇，清风微凉，小云和父母道了歉，我也在心底暗暗和你们道谢。楼下有一汪水洼，折射出粼粼的波光。

太阳出来了。

在这里，"感恩"两字已经不足以道清我的万千思绪，但又仅剩"感恩"二字能凝集万语千言，回应你们在我的青春期付出的心血与劳累，那日复一日、年复一年的耐心与智慧，又或者，我还想加上一句，爸爸妈妈，我爱你们。

祝
身体健康，万事如意！

女儿：心仪

第 10 封家书

简单易行的戒网瘾与戒拖延方法

杨铠源
毕业于河北衡水中学
就读于清华大学新雅书院

孩子就像一株树苗,在成长的过程中,难免有"长歪"的时候。"长歪"并不可怕,只要能及时矫正,孩子定能走上正确的道路,不会误入歧途。

亲爱的爸爸妈妈：

你们好。

自从上了大学之后，我们一起好好聊天的时光就变得越来越短了，我在远方忙于学业，你们在家乡忙于工作，但是今天，我决定给你们写一封信，因为当我慢慢地从象牙塔走向社会，接触到形形色色的人，才发现世界是有光明有黑暗的，也许年幼时的一颗种子就会造就一个不一样的人生。我时常庆幸，在我犯错之时，多亏你们能够尽早发现并及时纠正，我才能够悬崖勒马，不至于误入歧途。

"网瘾少年"的迷途知返

上初二时，我迷上了一款网络游戏。炫目多彩的画面、悦耳动听的音乐、多种多样的任务，都深深地吸引了我的注意力。为了能够"通关""升级"，我花费了大量的时间，甚至趁着你们出去上班的时候，我会偷偷打开电脑，一玩就是好几个小时，完全把作业和学习抛在了脑后。即使是不玩游戏的时候，我也总是沉浸在对虚拟世界的幻想中。在游戏里呼朋唤友、征战南北的感觉，让我沉醉其中。慢慢地，你们好像发现了一些端倪，也会开始控制我玩电脑的时间。而我对此非常反感，多次因为这件事情跟你们争吵。当你们批评我时，我心里不服气地认为你们只是小题大做，我完全能够控制自己，只是单纯的喜好而已，怎么会上瘾？

遇到难事行而不得时，我也会尝试反求诸己，每每就会发现问题所在。

但事实却给了我沉重的一击。在那个学期的期末考试中，我的分数一落千丈。我每天的心思都花在了网络游戏上，根本就没有学习，我自以为能控制自己，但是事实胜于任何雄辩，那个鲜红的分数好像都在嘲笑我的自大。如果告诉你们的话，肯定会被批评，怎么办呢？年幼的我，又做出了一个错上加错的决定——将试卷上的"68"改成了"88"。就在我为自己的"小聪明"暗暗窃喜时，你们已经从老师那里得知了我真实的成绩——纸终究包不住火。

　　已经记不清我那时的感受，估计有羞愧也有自责，但是却记得爸爸您的态度：让你们失望的不是我的成绩变差，而是我的不诚实——无论考得好坏，诚实地面对，坦诚地接收，这是最基本的做人道理。而我只想靠欺瞒逃避，推脱责任。现在改个分数也许不算什么大事，但是"千里之堤，毁于蚁穴"，总是在小事上撒谎，将来进入社会，在大是大非面前就很难做出正确的决定。是啊，聪明反被聪明误，从小到大，"狼来了"的故事听过无数遍，但是我到社会才惊觉，这样的人依然存在，就像当初的自己。谢谢您，爸爸，是您早早地把我拽出沼泽，让我做人有担当。

　　妈妈倒是没有您那么严肃，但也表示，适当的放松和娱乐你们都能理解，但是太过于沉迷其中，对我的身心健康和生活学习都百害无利。妈妈，您居然还检讨自己平时疏于对我的陪伴和管理，在我犯错误的时候，您没有一味地怪罪，而是反思自己做得不好的地方，这让我既感动又无地自容。现在受到了您的影响，遇到难事行而不得时，我也会尝试反求诸己，每每就会发现问题所在。

在那之后，你们总在工作之余，尽量抽出时间带我去做运动、远足、爬山、看电影等，渐渐地，我的课外生活变得丰富起来。我偶尔也会上网玩玩游戏，但也渐渐地淡了，毕竟，现实生活中，有那么多有意义有价值的事情等着我去做，何必浪费时间在虚无缥缈的游戏上呢？

> 现实生活中，有那么多有意义有价值的事情等着我去做，何必浪费时间在虚无缥缈的游戏上呢？

摆脱"拖延症"的困扰

记得小时候因为做事情拖延，妈妈您没少责备我。我不认为自己做事情"磨蹭"有什么错，也不认为这是自己的缺点。

记得小时候，奶奶在姑姑家住了一段时间，恰巧，赶上了奶奶生日，而我们家距离姑姑家又需要两个小时的车程。因为爸爸工作的原因，他下午才能到达，您要带着我在中午前赶到姑姑家，帮姑姑一起准备午饭和隆重的晚饭。

提前两天，您就告诉了我要在早上八点出门，这样才能赶上帮姑姑做午饭。我也信誓旦旦地答应了您，不会"拖后腿"，会早早起床，为出行做准备。

可是，到了出行当天，我却和往常一样，磨磨蹭蹭地起床、洗漱、换衣服，车程二十分钟之后，我才意识到将要带给奶奶的生日礼物落在了家里。

不出所料，那天我们到达姑姑家时已经迟了，我看到满桌子的饭菜，才意识到自己已经"磨蹭"到了十二点。

一进姑姑家门就吃饭的感觉让我觉得很尴尬，想必您更觉得尴尬。

这件事情之后，您认真地找我谈话，说起做事情拖延的坏处，我自然体会到了。于是，您帮我制订了详细的作息计划表，比如几点起床、几点吃饭等。也正是从那次开始之后，我意识到制订计划的重要性，您为了避免我不按照计划执行，还设置两个闹钟，在固定的时间点提醒我。我也正是从那个时候开始，对时间有了概念，对拖延有了认知。当然，经过几个月的按计划做事情，我逐渐养成了定时完成任务的习惯。

写在最后

我们从小生活在父母的庇护下，未进入社会之前，从没感受过社会的风雨洗礼，也从不知道责任与后果。而且因为年记小，自制力差，当面对诱惑时，我们往往就把持不住自己，很容易冲动犯错。这个时候，正确的引导真的会让孩子受益一生。就像你们告诉我的那样，"知错能改，善莫大焉"，现在我每每想起都非常感激，感激你们在我年幼犯下错误时，都能及时纠正我，是你们的严格与宽容让我不至于在错误的道路上越走越远，才让我成为更好的自己。

其实，每个孩子在成长的过程中，都会经常出现这样那

经过几个月的按计划做事情，我逐渐养成了定时完成任务的习惯。

> 每个孩子在成长的过程中，都会经常出现这样那样的问题，犯错误却也在所难免。

样的问题，犯错误也在所难免。但是，能否得到及时的纠正，将会直接影响到这个孩子的未来。我庆幸的是，你们在发现我做错事的时候，没有采取打骂这样粗暴的管理手段，而是在尊重和包容我的基础上，对我进行教导。如果只是粗暴的管教，那青春期的我可能会产生反叛心理，导致更大的问题。正是因为你们的耐心和宽容，我才能够自我反省，认识到自己的错误，成长为一个对自己负责的人。

妈妈，还记得您对我说过的一句话："孩子呀，你的人生就像是一本书，你自己就是这本书的作者。所有的故事，都是你自己亲笔写出来的。"是啊，人生中大大小小的事情，都是需要自己来负责的。爸爸妈妈，你们已经陪伴了我二十来年，现在我来到了一个离你们很远的城市，许多的事情需要我独立面对。当我面对着复杂的社会心浮气躁时，我还是会想起你们，我用你们对我的要求，要求自己也要求别人。在做每件事情之前，我都会仔细考虑清楚这件事情可能造成的影响和后果，这样才能避免更多错误的发生。在遇到别人犯了错误的时候，我也会仔细考虑他是冲动使然，还是本性不善。用着你们的人生智慧，我每一步都很踏实，我也像当初你们相信我那样相信自己可以走得更远。

感谢爸爸妈妈！

你们的孩子：铠源

第 11 封家书

高情商教育方式处理亲子分歧

白思雨 高考总分：652
毕业于陕西省西安市高新第一中学
就读于北京大学国际关系学院

在家长和孩子的相处中，产生分歧在所难免。处理不当，可能影响家庭和谐。只有直面矛盾，智慧处理，才能够更好地促进父母和子女之间的感情。

爸爸妈妈：

　　展信安。

　　一直以来，我都想找个机会，和你们聊聊天，说说我内心的想法，但是一直没有找到好的方式。所以，我决定坐下来写一封信。

　　自从高考之后，我离开家乡，前往北京求学，与你们相处的时间也变少了许多。但是，即使远隔千里，我总是会想起在我成长的过程中，在遇到分歧和矛盾时，你们对我的引导和言传身教。这对我来说，是一笔受益匪浅的财富。

产生分歧，不能逃避

　　说起来有点不好意思，其实最开始的我，对于分歧和矛盾，一直抱有一种逃避的态度。还记得那件事情吗？在初中的时候，我想和班里的同学一起去城市周边春游。当我兴冲冲地告诉你们时，爸爸马上提出了反对。当时我心里非常委屈，觉得父母在阻止我正常的社交活动，只想把我关在家里让我学习。

　　我一气之下，跑回了自己的房间，把房门反锁起来，任凭您在外面叫我，我都不理不睬。其实，我当时是不知道怎么解决分歧，想说服您但又害怕争吵起来，产生更大的冲突，所以只能像鸵鸟一样，把头埋在沙子里，选择了视而不见、听而不闻。当时的我，心态并不成熟，我以为逃避现实就能换来暂时的和平,这是一种不彻底、不正确的处理方式。矛盾也许短时间内会被掩盖,但它并不会消失,它会永远都在那里,会成为我们心里一个解不开的疙瘩。

还好,在下午吃饭的时候,爸爸见我只顾低头吃饭闷不作声,主动跟我提起了这件事,您问我,情绪有没有平静一些,想不想聊一聊。这时,我才说出了自己的想法,我觉得同学们都去春游,而我不去,会显得自己格格不入,也害怕因此失去朋友。您也说出了您的担忧。原来,你们并不是反对我和同学交往,而是担心我们都是女孩,年龄又小,遇到安全问题,不能保护好自己,而且我所担忧的失去朋友这根本就不合理。朋友,不是绑在一起的亦步亦趋,也不是没有立场的盲目附和,朋友更注重的应该是心灵上的契合、精神上的扶持,走得很近,不一定就会持久。

坦诚地交流之后,我们对彼此的意见有了更深的理解,爸爸不再强硬反对,我也试着站在你们的立场上去思考问题。后来,我们达成了一致,我可以去参加春游,但是需要有一个同学的家长陪伴,来确保我们的人身安全。

在与人相处的过程中,矛盾和分歧本来就是不可避免的,特别是在家庭里,父母和我们存在着天然的代沟,在日常生活中难免会有意见不合的时候,如果只是一味地消极逃避,只会使彼此的误会加深。但是,如果我们直面分歧,敢于承认矛盾,正确分析矛盾,不仅可以让我们更加全面地看问题,而且这种积极的态度也能为从根本上解决分歧奠定基础。

处理分歧，需要智慧

虽说人与人之间产生矛盾和分歧是很常见的，但是如何处理分歧，也是一种智慧，是社会生活和家庭生活中一项必备的能力。

还记得在高一那年，我喜欢上了电视节目里一个选秀明星。当时的我，沉迷于他的音乐和影视作品中，一有空闲时间，就在网上搜索他的相关新闻和视频。你们几次旁敲侧击地提醒我不要太沉迷于追星，要明白自己的主业是什么，但是当时我根本没听进去，依然我行我素。有一天，新闻上说他要来我们这边的省会城市开演唱会，我激动万分，迫切地想一见自己的偶像。问题来了，我没有那么多钱支付门票。我犹豫要不要向你们开口，因为在上一次的考试中，我的成绩下滑或多或少是受到了追星的影响，如果这次再问你们要钱去看演唱会的话，也许会受到批评和责骂。最后，想去的迫切还是战胜了内心的羞愧，我硬着头皮向你们说了这件事。说出口的瞬间，我已经后悔并且做好了迎接"狂风暴雨"的心理准备。但出乎我意料的是，你们并没有开口骂我或者严厉地训斥我。

妈妈您先是关切地询问我，是否喜欢的明星有过人之处，还让我给你们介绍一下这位明星。听到您的这句话，我有些意外，但还是滔滔不绝地说了他的事迹。你们边听边点头，

父母和我们存在着天然的代沟,在日常生活中难免会有意见不合的时候,如果只是一味地消极逃避,只会使彼此的误会加深。

> 有时候，你们只要给我一个小小的肯定，都能让我心中的沙漠不再干涸。

那时候，我有种遇到了知音的感觉，也为你们能理解我的心情而开心。爸爸妈妈，你们知道吗，有时候，你们只要给我一个小小的肯定，都能让我心中的沙漠不再干涸。

不过，爸爸还是提出了自己的看法，说如果只是偶尔的放松，去看一场演出，您并不反对，但是为了追星而浪费大把的宝贵时间，对于我其实是得不偿失的。想要离优秀的人更近，就要让自己也变成优秀。我第一次认真地听完了您的长篇大论而不反感。思考了很久，我放弃了去看那次演唱会，也许不是真爱，也许是自己幡然悔悟想好好复习迎接马上就要来临的考试。

现在我上了大学，谈起以前喜欢的明星也不再激动，但是那张没有买到的门票却一直在我的记忆中，不是遗憾，而是一种感激，感谢你们的循循善诱，感谢你们的支持理解。爸爸妈妈，你们跟我有着不一样的成长背景，也有着迥异的思维方式。但是，在面对我们之间的分歧的时候，你们没有粗暴武断地只按照自己的想法行事，而是充分地尊重我的想法，平等地跟我交流，让我能够充分地认识到自己在思维上存在的不足和错误。这就是你们的智慧。

事后反思，共同成长

当然，并不是每次的分歧和矛盾处理起来都是一帆风顺的，我们也产生过不少的争吵。当情绪冲上头脑的时候，都曾有过激的言辞,特别是我,说出过不少伤人的话,应该让你们觉得很伤心吧?俗话说,良言一句三冬暖,恶语伤人六月寒。每次吵架,我们最终都会和好,你们也都会原谅我的鲁莽无状,但我心里总是免不了难过。其实,我们的矛盾往往都是一些小事,并非是不可解决的原则性问题,只是因为不够理智,才会产生这样那样的冲突。

不过,我们还是达成了一致。每次在吵架之后,我们都会开个小会,坐在一起分析争吵发生的原因,以及今后该如何避免这样的问题再次出现。我们会进行自我剖析,也会接纳别人提出的意见。我还记得爸爸曾对我说:"你是第一次长大成人,我和你妈妈也是第一次为人父母。我们都有自己不懂的、做得不好的地方。在你成长的过程中,我们都在一起成长。"每当想起,我所有的抱怨都随风飘散,我开始理解你们的不易和良苦用心,随着时间的流逝,我们的争吵也越来越少。

现在,离你们远了,反而更加怀念那时候,想起每次小会上,爸爸妈妈自我检讨时的尴尬、我的难为情,不禁有些好笑。多次的会上谈话,我们都是在进行反思。现在的我,也会经常在遇事后来一阵反思,就如同在我们的家庭会议中那般,只不过身边少了你们。有时我会想,如果你们在我身边,你们会怎样,我会怎样。我学会了换位思考,也开始习惯站在不同的角度去看待问题。

> 我们要从过去的事情中汲取经验教训，能够更好地应对将来可能发生的问题。

我也明白，人无完人，金无足赤。不论多么小心谨慎，我们都不可能尽善尽美。重要的是，我们要从过去的事情中汲取经验教训，能够更好地应对将来可能发生的问题。成长这门课题，是我们一起完成的。

花落又花开，时间飞逝，转眼间，我已经长大成人。回想起曾经的事情，总是感慨良多。其实现在想起来，父母和子女之间，没有什么解决不了的问题。很多时候，只要我们尊重、理解彼此，在面临分歧时冷静处理，都能够化解这些矛盾。感谢爸爸妈妈，在我成长的过程中遇到你们，没有否定我、批判我，而是在理解和包容我的基础上，引导我、教育我。这些经历将会永远地留存在我的心底，成为支持着我一路走下去的力量。

祝爸妈

健康快乐！

你们的女儿：思雨

第12封家书

置身低谷是为了再攀高峰

石菲儿　高考总分：640
毕业于宁夏回族自治区固原市第一中学
就读于北京大学考古文博学院

　　挫折是一定需要避免的东西吗？儿时的我，只期待找一条一帆风顺的捷径，而妈妈更期待我可以多些磨难，将越过的挫折化成勋章，别在胸前。

亲爱的妈妈：

　　北京的秋天来了。您总会和我说："秋天是收获的季节。"春天杨柳爆青之时您会说这句话，鼓励我努力生根发芽，以待秋日收获；吃饭把米粒掉在桌上时您也会说这句话，以打趣我不顾形象……

　　我已置身于燕园的第三轮秋日中，本该适应了独自一人的生活，可我却好想好想您。十一假期开启，校园里也渐渐空了。大家拎着大包小包归家，轮子在路上滑动的声音都是雀跃的。身体的每一个细胞虽叫嚣着"归家，归家"，我却因为学校里还有一些其他事情而无法抽身。今天想吃您做的糖醋排骨了，晚上便在食堂点了份。但它的味道还是与您做的相去甚远，不由得更加想念家的味道。想您，所以给您写封信。

　　您许是又要笑话我"恋家宝"了吧！在您看来，我的心理承受能力一直不好。不够独立，不善于一人面对困难，纠结时总爱找您拿主意……像散落的珍珠项链，细线一崩，好不容易串好的珠子便四处散落，难以追回。一开始您这样直截了当地批评我，我还有点不高兴！但后来在您的陪伴以及耐心开导下，我在渐渐改变，甚至会主动给自己寻找更多的历练与挑战、更多经受挫折的机会与可能。我喜欢上了日剧《东京爱情故事》里赤名莉香说的一句话："要把每一次的小挫折当作勋章别在身上呀！"满身伤痕，却不断前行。其中的转变多亏了您，妈妈。

我想重新翻开当时的故事，作为此时的小小追忆……

记一次争吵

都说写作讲求"欲扬先抑"。我们故事的开篇好像也符合这一"套路"。原谅我把我们的一次矛盾争吵作为引入。但深刻的体验总是在激烈交锋中产生，不是吗？

在小学阶段，数学科目没有拿到一百分似乎已经不太能让人接受，而若在九十分以下的话，就说明破了的网需要花费一番工夫去缝补了。而那次数学考试，我发挥得并不理想。当时同学发卷子给我的时候，踌躇了好久："我把卷子给你，你不要哭。"我觉得奇怪，有点慌张，却又有点期待，央求着快点拿到结果，但当看到成绩的一刻，我还是懵了。有点为同学这么了解我的性格哑然，同学以为我会哭，我也确实想哭，只不过我强忍着。但情绪的余韵，或者说是后劲是巨大的。回家后的我一直闷闷不乐。卷子上的红叉叉就像拿着叉戟的小恶魔，不断地嘲笑我，我还是哭了，卷子上的字迹随泪水斑驳，而痛苦的记忆却不能随流水消散。

失败的考试经历，对于我来讲，自然很沮丧。您不厌其烦地安慰我，开导我，可我却深深陷在情绪漩涡中无法自拔。道理我其实都懂，可却不能自已地放任难过伤心，甚至去自我否定。负面的情绪是会传染的，当时的您可能也是在气头上,直接厉声呵斥我:"心理承受能力太差。这才多大点小事就这样,之后遇见更多的挫折,日子还过不过了?"

印象里,您永远是低声的、微笑的、和悦的,没有过这般高声呵斥,我有些愕然但又确实被一下惊醒。是啊,之后做不成的事情还多着呢,如果每一次摔跤都要花如此多的时间、如此多的精力去疗愈,之后该如何向前走呢?

从事情的结果上来说,当时那句"心理承受能力差"的指责将我捞出了情绪的泥沼,但我也开始发觉,我们处事观点是不同的。当时的我更倾向于认为"心理承受能力"不是首要能力,我认为要做就做到最好,不许失败,我更倾向于提前避免需要心理承受能力发挥作用的场景发生,而您并不要求所有人所有事尽善尽美,我那时是心中暗暗不忿的。但人生哪能总是一帆风顺呢,之后的道路上,我不断得到了体味,这也恰恰应了您那句指责——我确实没有抗挫折的勇气和能力。妈妈,幸好,您一直陪伴我,守护我,指点我。

> 发现问题、解决问题是最朴素的金科玉律。

记一段反思

"良药苦口利于病,忠言逆耳利于行。"除了那次妈妈您对我的指责外,在成长的过程中,我不止一次被评价"心理承受能力差"。正是多了这样的指责,我才努力让自己爬出那个漩涡,渐渐培养出了抗挫折的能力。

发现问题、解决问题是最朴素的金科玉律。因为自己的

生根需要向下，哪怕扎根的过程再痛，哪怕长期看不见效果。

情绪爱钻牛角尖，我经常无法做到正确评估自己的所作所为。那时的我仍固执地认为，心理承受能力并不必要，所谓强者之强正在于他们从不失败，被绊跤是需要极力避免的事件。我向您吐露了我的困惑。您给我讲课本中"第八次"的故事，蜘蛛结网七次都失败，但第八次终于成功了，不是更有意义吗；您给我讲心电图中的道理，没有什么是一帆风顺的，风平浪静反而是危险的；您给我讲"瑞雪兆丰年"的道理，没有厚厚的一层雪，来年的庄稼长势必不会喜人。您和我一起养盆栽，和我体会一颗种子生根、发芽生长的过程。那些阳光与水分是必要的，但风吹雨打、杂草蚊虫甚至也都不可或缺的。我渐渐感受到身体里隐藏的内动力，它在向阳生长，推动我前行。而在面对一些小挑战、小意外时它更加雀跃，因为打不倒我的会让我更强大。在您的陪伴下，我的思维模式渐渐转变，但还是缺少一些实践经验。

  时至今日，我渐渐体会到了当初您的良苦用心。您还记得吗？四年级的那个暑假您带我去了九江庐山。一般人常说要"勇攀高峰"，但若想一睹庐山瀑布的真容我们得"勇闯谷底"。烟雾缭绕中，我们拾一级级台阶而下。穿着雨披，拿着行囊，身边经常传来抬轿子的人吆喝"要不要坐轿子啊"。而您带着我只是往下走，好不容易进入此山中，见了庐山真面目。其实，那对我们的体能是个不小的挑战，第二天我们都肌肉酸痛，但跋涉的过程是对身体和精神的双重历练，收获颇丰。以前的我只想着向上走，不愿经历低谷，却不知道向下也是必要的。生根需要向下，哪怕扎根的过程再痛，哪怕长期看不见效果。想再攀上一座高峰也需要向下，为之后势能的积蓄做好准备。

您也鼓励我多去参加校内外比赛，挑战自我。我总会向您撒娇："还没准备好，等准备好了再去参加。""不要老想着之后，把握好现在。"您总会推我一把。事实证明，能力的提升确实就在一次次的实践过程中。

挫折与挑战常有。如若不能调整好心态，则无法前行。想走得更远更稳，挫折和挑战是必要的。我渐渐地理解了。

挫折与勋章

回顾来看，我真真是幸运的。妈妈您帮助我一步步调整心态，带我一起体会挫折与精彩人生之间的关联，教会我面对挫折，对己宽容。更重要的是，您也教会我对他人宽容。

还记得您曾对我说："'严于律己，宽以待人'其实是不成立的，严于律己的人一定会严以待人。"一开始我不信，后来发现事实确实是这样。就如当时的我，面对挫折的心态并不良好，性格毛躁，也无法容忍他人犯的一些小错误，就像带刺的刺猬，伤人也伤己，从来无法体会他人的伤痛。而您一步步地带我去与挫折相处，悦纳自己，我渐渐学会了换位思考，也去试着体恤、宽容他人。

想和您分享我最近很喜欢的一句话,是《了不起的盖茨比》的开篇:"我年纪更轻、阅历更浅的时候,父亲教导过我一句话,我至今还念念不忘。'每逢你想要批评任何人',他告诉我,'你就记住世界上所有的人,不是个个都有过你那些优越条件'。"如若能做到这点,对他人宽容,对自己也宽容,是不是符合了妈妈您对我的期待呢?

在鸡汤泛滥的当下,我竟然也给您写了一封鸡汤味如此浓的信。但,妈妈,跟您倾诉的过程中我也治愈了自己。阳光下,我写下这一行一行字,无聊、孤独、压力变得可以忍受。看呐,汗水、泪水都在阳光下闪闪发光,我们越过的每一道坎都成了勋章挂在我的胸前,妈妈,您是不是也为我骄傲、自豪。

祝

身体健康,工作顺利!

女儿:菲儿

第13封家书

父亲与女儿相处的最佳模式

徐丽博　高考总分：627
毕业于黑龙江省穆棱市第一中学
就读于北京大学外国语学院

岁月在不经意间从身边划过，在每一个匆忙的身影背后，父亲关爱的目光越来越远，在你身心疲惫的时候，驻足下来，读一读书中的温情故事，你会有感动的心跳。

亲爱的老爹：

您好！

不知不觉，已经和老爹认识二十一年！平时有什么话就直接跑到您房间里拉着您唠叨，今天第一次用书信这种形式和老爹交流，觉得新鲜又有趣。上个假期，我帮忙带的小朋友给我寄来一封信，感觉好特别。想想，我居然现在才给您发来第一封信。

那句话怎么说来着，"不养儿，不知父母恩"。没错！虽然我带的是别人家的小朋友，但也处处感受到了教育孩子的不易。每当带小朋友玩耍或学习遇到问题，我无计可施时就会不自觉地思考"如果老爹在，会怎么处理"，一旦这样想了，往往都能找到答案。不知不觉间，您的想法已经成为我思想的一部分，父女的传承可能就体现于此吧。现在回想起来，我的成长环境，无一不是老爹精心营造出来的结果。小时候诸多的不理解和埋怨，现在都化作了感激和钦佩。

书洞一样的家

您还记得，小时候我最最喜欢看电视吗？家里的沙发就是我周末看电视打发时间的天堂。上学前班之前，我每天都能有大半天的时间看电视。那时候我觉得什么都很新奇，连广告都十分有趣。印象中有个频道，每两集动画片中间会有十分钟的固定广告。看了半个月，我在饭桌上得意扬扬地把那十分钟广告词，一字不差地背下来时，老爹您的眼神是又惊奇又无奈的。您叹口气："原来臭宝记忆力这么好！该上学了，以后要开始好好教导你了。"因为卖弄了一次小聪明，我舒舒服服的童年生活，就这样结束了。

第二天，我跟小朋友出去玩，回来就发现电视不见了，多了一摞一人多高的各种各样的书籍。原来您把电视卖了之后换来了这些书。直到上大学，咱家里还是没有电视，连看春晚，都只能去奶奶家蹭电视看。没有电视，唯一的电脑也被您老人家常年霸占，什么纸牌游戏、玩偶、玩具，您也一律不给买。当时天天叹气，真没意思。只能去翻那些又臭又硬的拼音故事书。欸！没想到，这一翻，就入迷了。什么灭绝的史前动物、人类未解之谜、皮皮鲁和鲁西西的精彩冒险，可比幼稚的动画片有意思多了。

看书的习惯保持到现在，看得驳杂而广。之前我看老舍的一篇文章，叫《读书》，里面有一段"第一，我读书没系统。借着什么，买着什么，遇着什么，就读什么……第二，读得很快……"我当时读完就想："这不就是我本人嘛！"而今回想，老爹此举可谓"老奸巨猾"，把家里弄得跟书洞似的，除了书，什么有意思的东西都没有，没法子，我只能看书了。

> 把家里弄得跟书洞似的，除了书，什么有意思的东西都没有，没法子，我只能看书了。

大年三十背单词

鲁迅先生有一篇文章，叫《五猖会》。其中一段内容写的

成长的秘密　113

是，小时候鲁迅想去看赛会，父亲在他兴致最高的时候要求他背《鉴略》，他梦似的背完但再不复原来雀跃的心情。当时看完这篇文章的时候，我特别能和鲁迅先生共情。因为老爹您就是这样，从来不允许我在节假日的时候纵情玩耍。好几个大年三十，咱们一块儿去奶奶家过年，您从来都不放我去和堂兄弟姐妹打扑克、放烟花。印象特别深刻的是高二那个寒假，您把我拘在屋子里，让我把学过的英语单词从头到尾复习一遍，您也忙着自己的工作于旁边作陪。我一边听着隔壁屋子里表哥表姐们大声说笑，一边抽抽搭搭地背单词，甭提多委屈。这都过年了，就不能让我开心开心吗？我当时很不理解。

现在回头想想，我很少因为放假休息影响状态，心态一直平稳，这不得不归功于您"拿着小鞭子"时时刻刻督促我。全家都吵闹欢乐，只有我和您在一个安静的房间，关上门，远离喧嚣地学习和工作。这种行为无声地告诉我"少去凑热闹，做好自己的本分"。现在想想，和兄弟姐妹们玩纸牌，也确实不是什么健康的娱乐方式。后来看到清三代帝师翁同龢做的对联"每临大事有静气,不信今时无古贤"，我便想起了在新春欢腾嘈杂的氛围中闹中取静、抽噎读书的夜晚。

咱俩的相处模式

咱们爷俩的相处方式，真是越想越有趣。我是学生，您是老师，一起上班上学、一起下班放学、再一起放假休息。

一路走来，我从懦弱变得坚强，您从果决反倒变得温和，仿佛把自己的力量一点一点输送给了我。

特别是上了高中，咱俩在一个学校之后，基本上是统一行动，甚至连食堂都一起去。

虽然相处距离很近，但您总会为我保留自己的空间和表现余地。我从小就多话，咱俩在一块的时候，我总会滔滔不绝地说，说学校发生的事情，说看过的书，说对每件事情的看法。您好像听了，好像没听，好像觉得有趣，好像觉得不耐烦，但却从来不打断。感谢老爸愿意忍受我的话痨，那些和您唠唠叨叨的无数时间，就是我锻炼表达能力和思维方式的契机。我说完了，心满意足地走开，家里就会变得十分安静，因为您知道我要开始做自己的事情了。

> 我做事的时候，您也从来不好奇、不打扰，任凭我怎么做。

我做事的时候，您也从来不好奇、不打扰，任凭我怎么做。我看书、我做手工、甚至我炸厨房，您都不会训斥，只会告诉我应该注意的安全事项，然后和我一起收拾残局。您还经常会支使我去做事，家里小到酱油大到电器，您都特别放心让我去买。所以我从小就会和楼下的街坊邻居、超市的工作人员接触，早早地树立了金钱观念和与人打交道的意识。您还会经常带我出去吃饭，接触您的朋友、同事、同学。您会观察我如何待人接物，回家之后复盘过程，教导我正确的处理方式……您说您对我的期待是希望我以后能够不依靠任何人，过上体面、独立、有尊严的生活，您称之为"去拐棍儿教育"，我也在努力回应着您的期待。

将我视为决定家庭事务的一分子

我还记得五岁的时候,家里要搬家换房子。每次看房,您和妈妈都会带着我去,还会问我对于房子的看法。话还说不利索的年纪,能有什么建设性的建议?但您仍然带我去,我当时觉得特别光荣,好像肩负着重大责任,看房过程非常认真积极,最后回家绞尽脑汁发表一长通的童言稚语,您和妈妈都极其重视的样子。乃至后来家里有大笔的开支、借款、贷款和保险,您都会在开家庭会议的时候告诉我,向我说明情况,并且询问我的意见,解答我的疑惑。所以对于家庭事务,我特别有参与感和责任感。感谢老爹能够将儿时的我看作一个小大人,这就是我努力向成熟方向靠拢的动力。

温暖的磐石

只要老爹在,我就特别有安全感。

高三一年简直就是焦虑逆流成河的一年,每天早上一睁眼,我都会默念六遍理想大学的名字再起床。我时常会一边盯着校园门口绿化带上的倒计时,一边像祥林嫂一样念叨:"爸爸,您说我万一考不上怎么办?"距离高考还有300天的时候,您严肃回答:"说什么蠢话,踏下心来学,你一定没有问题!"我的焦虑一下子就得到了安抚。距离高考50天的时候,我再次问同样的话,您的回答变得温和:"无论考上考不上，你都是我的孩子，尽力就好。"我的心灵同样得到了慰藉。

  高考第一天结束，坐车回家的路上，我忍不住地开始小声背诵政治课本的目录，专心致志。等我背到文化生活第二单元的时候，听到吸鼻子的声音，才发现您哭了。被我发现之后，您索性停下车趴在方向盘上痛痛快快地哭了一场，边哭边说看到我这么辛苦觉得自己帮不上忙，心里很难受。我内心觉得又温暖又好笑，反过来安慰您。一路走来，我从懦弱变得坚强，您从果决反倒变得温和，仿佛把自己的力量一点一点输送给了我，让我不断鼓起勇气创造自己的未来。

  感谢您，老爹，为我创造一个单纯而温暖的成长环境，让我不断开发自己的潜力，认识到自己应该承担的责任。平日的相处和您的熏陶，都让我不断向好的方向成长。希望有朝一日，我能够真正成熟起来，像您一样温暖而有力量。

爱您的女儿：丽博

第14封家书

正确陪伴是给孩子最好的养育

方子添　高考总分：保送
毕业于湖北省武汉外国语学校
就读于北京大学外国语学院

你还记得是怎样度过中学时光的吗？做不完的题、考不完的试，不断被压缩的睡眠……当然，也别忘记，我们不是单枪匹马的勇士，还有父母的陪伴和支持。

亲爱的爸妈：

收到这封信的时候，你们一定很诧异吧？已经大三的我，居然会以写信的方式和你们一起追忆几年前的事情。个中缘由，待我一一道来。

是呀，岁月一去不返，我马上就要二十了，如今忙于学业，回家的次数越来越少，更别提穿过历史的河流回到从前。可某些回忆总是会不听话地跑出来，叫我怀念着那些被概以为"过去"的时光。

北大是我从小的梦想，到高二文理分科的时候，它已经从遥不可及的梦变成了有待达成的目标。在追梦的这条路上，我是一个足够幸运的人，谁还没有个梦想呢，而我成了实现梦想的那一批人。

作为一个世俗意义上取得过成功的人，我也多次反思，自己何以能够在最后的高考中胜出，而那些和我实力相当，甚至超过我的同学却没能和我一起来到这里。我会"赋予"自己很多优秀的品质，比如脚踏实地，所以学科基础知识扎实；又比如内心强大，所以考场上能够稳定发挥；当然，也有可能是因为命运的垂青。但自始至终，我都没有认真思考过你们在我备战高考的这些年中到底扮演着怎样的角色。直到我被反复问道："你的父母是怎样教育你的呢？"我才发现，这真的是一个值得深思的问题。

是你们一直辅导我功课吗？并不是，倒不是没时间，而是因为你俩的文化水平都不高,辅导高中的课程几乎不可能。是你们为我的学习发展投入了很多钱财吗?也不是,我们家一向清贫,实在没法让我上高昂的补习班。

直到前两天,我扛不住学业生活的压力,给你们打通了电话。电话那端的你们耐心地倾听我的哭诉,安慰我的情绪,待我平复心情后,又为我加油打气。你们叮嘱我不要给自己太大压力,要吃饱睡好,千万别舍不得钱,亏待了自己。你们说,万事别太在意结果,做好当下,体验过程就好。

不到一个小时,我内心的阴霾已被你们全部驱散。轻道一声"晚安"后,我挂掉了电话。脚步轻快地走在回宿舍的路上,我几乎是顿悟般,明白了你们对我最珍贵的教育。

来自母亲的信任

老妈,如果说到我最离不开的人,那一定是您。小时候如此,长大后更是如此。

高中三年,您一直照顾我的生活起居,就是希望我能够没有任何后顾之忧地安心学习。

记忆犹新的是高二那年的暑假,我们成绩好的同学还需要在学校参加培优训练营。训练营安排在八月中上旬,南方最热的时段。学校没有提供伙食,咱们家离学校不算近,赶回家吃饭根本来不及,所以您每天中午和晚上都在家做好之后给我送到学校。

八月份的太阳最为毒辣，不遗余力地将热浪掷向大地。路面滚烫，下午一两点的时候是不敢外出的，因为每走一步都像是行走在油锅上一样难受。学校不允许家长进入，吃饭便也只能安排在校门口的树荫下。害怕耽误我的时间，您总是早早出发，下课前便在校门口等着了，害怕我找不到您，您总是站在最显眼的地方，即使并不阴凉。

除了生活上的照顾，您也常常给予我鼓励，引导我前行。

整个高中阶段，我经历过很多次失败，成绩起起落落。而每一次重整旗鼓都离不开您的鼓励。是的，老妈，您总是对我充满信心。无论我考得多糟糕，您从不会否认我的努力，您常说："我了解你，我的女儿就是慢热，永远不是一开始就厉害，但只要好好学，结果一定不会比别人差，我对你有信心！"

每个母亲都是这么盲目地信任自己的孩子吗？我不知道。但您就是这样坚定地信任我，我又有什么理由不相信自己呢？

又回想起2018年的冬天，第一轮总复习进行的过程中，很多同学的成绩都有了大幅的提升，而那时的我进入了"高原期"，当时身体状况也不太好，皮肤、肠道接连出问题，成绩眼看着出现了大幅下跌，却又怎么努力也提不上来，一种深深的无力感笼罩着我，曾经光明的未来在我眼前一点点黯淡了下去。

看到我神情沮丧，您安慰我，天下没有过不去的坎儿，遇到问题咱们就去解决，等问题都解决了，成绩自然就提高了。我毫无斗志，您鼓励我，越是到这个时候越是不能放弃，咬咬牙熬过去就好，您相信我肯定可以上清华北大。我有些无奈但更多的是感激，这些话语都成了我积极的心理暗示，让我知道要想突破只能靠自己。

老妈，您给我的陪伴像空气一般，无声无息，却又必不可少。您知道我的口味，明白我的个性，也总能第一时间体察出我不一样的情绪。高中三年，不过是眨眼的事。高考前两个月，您都在一直为我做思想工作，那时候我顶着巨大的压力，面对着成绩的起伏涨落，无数次迷茫、焦虑、忧愁。您一如既往地相信我、照顾我。我有时在想，如果没有您，我是不是早就未上战场之前就缴械投降了。老妈，您是帮助我实现梦想的重要功臣，谢谢您！

来自父亲的爱

老爸，您是一个让我又爱又恨的人。

小学的时候，您一直在外地工作，我们相处的时间屈指可数。每年春节，是我们为数不多的团聚时光。记忆中的您不苟言笑，严肃至极，也很少给予我夸奖。那时候，我对您的畏惧远远超过对您的爱。因为相处的时间少，父亲在我心中一直是缺席的存在，它只是两个干瘪瘪的汉字，却无法牵

> 您安慰我，天下没有过不去的坎儿，遇到问题咱们就去解决，等问题都解决了，成绩自然就提高了。

引出我脑海中更多温馨的回忆。

当我上了初中，您选择了回到家乡工作。当然，其中很大一部分原因也是因为我。而我最庆幸的，也是您当年的这一选择——放弃外面的高薪工作，回到我身边。初中是孩子学习发展的关键期，是您陪伴在我身边，给予我人生指导，让我养成了思考、阅读的良好习惯，树立了正确的三观，影响了我此后的人生历程。

每个周末，我们都会开上一场家庭会议。聊天内容从学习交友，到人生理想，再到时事新闻，话题之广泛，无所不包。我俩之间隔着几十年生活经历的差距，看待问题的角度不同，处理问题的方式也会不一样，因而少不了争辩。

记忆中争辩最激烈的莫过于文理分科时我到底选文选理这件事。您觉得我应该读理科，因为将来更好就业，也更顺应时代发展的方向。但由于物理成绩不够理想，我对理科充满畏惧，更想选择文科。我享受学习文科知识的过程，也自认为选择文科后可以冲击清华北大。但您却认为我的畏惧不过是懦弱的体现，还没正式开始，就已经低头认输。

为了这件事，我们连续僵持了几个月。最终，我说服了您，您为了女儿的心愿妥协了。我知道，您不是一个古板的父亲，您能够倾听我所有的思考、选择以及选择背后的权衡，而我也很感谢您，在我每次做选择之前都会毫无保留地给出建议，而在我做完选择之后又会全力支持。我信任您，更需

成长的最佳注脚或许就是适应孤独，学会孤独。只是那一次的回眸让我知道，父母是舍不得让孩子一个人的。

成长的秘密

要您的支持。

成长是一条单行道,这一路上会出现无数个岔路口,每一个看似微不足道的选择,都有可能带来迥异的人生体验。我是个深度选择困难症患者,每次摇摆不定的时候,我总会和您聊聊天,听听您的想法。您总有神奇的魔力,让犹豫不决的我听清内心的声音,与您的交流讨论中,我的思考往往会变得更加成熟,决策也会更加合理。

老爸,如果需要用一个词来形容您的话,我实在是想不到比"铁血柔情"更合适的了。虽然有些时候您对我要求过于严厉,但有时也会有无尽的耐心和柔情,您从不会表达您的爱,却用行动使我坚信:我爸爱我。

高中的一次经历,我至今难忘。那是2018年6月,因为身体不适,我请假回家休息了一晚,第二天早晨要赶回学校。在家草草吃完早餐,我准备出发。6月的时候,天亮得很早,不到七点,已经能够瞧见天边的霞光。从家到车站几百米的距离,您却执意要送我,我反复拒绝,您仍然坚持。最后,您终是拗不过我,只好作罢。

走出了家门那一刻,我也不知怎的,像是感应到了什么,回头,就恰好撞上了您的目光。您就站在路边,背着手,锁着眉,嘴唇也紧紧地抿着,似乎是在深思,脸上还现出悲伤的神情。我赶紧别过头,鼻头却一酸,脑海中浮现出很多有关于您的零碎的片段:晚上下班后专门跑去学校给我送零食;

> 虽然有些时候您对我要求过于严厉,但有时也会有无尽的耐心和柔情。

我感冒后请假带我去看病……

　　于是想起《目送》里的一句话："所谓父母，就是那些看着你的背影，既欣喜又悲伤，想追回拥抱，又不敢声张的人。"

　　后来的很长一段时间，我都会不自觉地想起那天的场景。个体总是孤独的，我们总是要离开父母的庇护独自上路，成长的最佳注脚或许就是适应孤独，学会孤独。只是那一次的回眸让我知道，父母是舍不得让孩子一个人的。即使我们远隔千里，为各自的事情忙碌着，但只要我回头，你们一定在我的身后，一直在我的身后。

真正的陪伴

　　时间不紧不慢地来到了2021年，距离当年的高考已经过去整整两年。成年后的我，也不再像小时候那样黏人，一个人坐火车，一个人去旅行，一个人在外求学，自己打理自己的生活，成长为了一个独立的大人。曾经胆小、依赖的我已经完全蜕变，爸爸妈妈，你们肯定也会为我的成长欣慰和自豪吧。

　　而我的成长离不开你们给予我的陪伴和支持。我知道，无论我做了什么选择，你们都会无条件地支持我，所以我有底气做出最倾向内心的选择。我知道，无论我在外面经历了怎样的大风大浪，背后还有你们，还有温暖的家，所以我不害怕各种尝试和挑战。我也知道，难过了，我也有你们安慰；害怕了，我有你们陪伴，你们给予的安全感让我拥有独立生活的莫大勇气。

　　陪伴，似乎早已是陈词滥调，听上去也并不是多么伟大的行为，它是生活的每一个瞬间，是无数个日常，是我们一块儿吃饭，一起聊天，以至于很难找到某件大事去标注它，更难寻找一个参考系去量化它。但谁能轻易地忽视它、否定它，在这个浮躁的、充满未知的时代，数十年如一日的陪伴不能不算得上伟大！

　　真正的陪伴，不是简单地生活起居上的"在一起"，也包括情感上的关怀和灵魂上的共振。而我的幸运，便是我们一家人一直相互陪伴，相互支持。

　　你们将我带到这个世界，给了我温暖的家，赋予我安全感和归属感。我知道，未来的人生还有无尽的变数和挑战，但有你们，我便无所畏惧。就像战胜高考一样，我会战胜接下来的挑战，请你们放心！

　　并候秋绥！

你们的孩子：子添

第15封家书

自律背后的真相

张小乔　高考总分：673
毕业于湖南省长沙市长郡中学
就读于北京大学外国语学院

> 熬夜，有时是因为责任，有时是不敌诱惑，甚至更多时是想要逃避。父母的监督治标不治本，引导孩子自我管控，滋养内生力量，才是避免其掉入失败陷阱的关键因素之一。

亲爱的爸妈：

你们好！很少写信的我，上一次这样与你们交流还是高中时候的一篇命题作文，时间过得真快啊。离开家，看到了很多身边同学的经历，也回想了自己的生活，就有了和你们聊一聊的愿望。

在我看来大学与初高中时代最大的不同点就是更加自由，这不仅意味着不再有你们和老师像中学时代般监督我，也同样意味着所有事情都需要自己负责，独立完成。在我身边不乏有些同学因为离开了父母老师的监督而"放飞自我"，沉迷游戏、小说，甚至因此耽误学业而出现挂科的情况。

幸好，我还保留着以前的习惯。从小，你们就经常提醒我，如果缺乏自律性、专注力，很有可能沉迷娱乐而迷失自我，影响终身。所以自律意识，提高专注力，是任何阶段都应有的品质。当然，你们总是跟我强调，其他的一切都是建立在身体健康的基础上。身体健康、过得快乐才是最重要的，尽量不要因为学习甚至其他娱乐而熬夜。虽然偶尔临考季的那么几天，我会时不时地考前熬夜抱抱佛脚，但大部分时间，我还是牢记着你们的话，每天早睡早起，跑步运动。

第一次熬夜

说起熬夜，想起我第一次熬夜学习竟是在小学。

其实从一入学，你们就在明里暗里地给我灌输"上课认真听讲""放学先写作业"的思想，以前没意识，现在才发现，原来每个父母天生都是教育家。不过，在你们的引导下，我倒也顺理成章地认为先完成作业，再出门玩耍是最正常的状态。这么多年，女儿自认这一点还做得不错，很少为我的作业操心，你们是不是也很幸福！不过也有例外，比如三年级的十一假期那次，我印象深刻。

因为假期时间比较长，我想先玩几天再说，于是偷起了懒。妈妈问我作业多不多，我小手一挥，说不用担心，肯定能写完。一直以来按时完成作业的我并没有让你们太过担心，于是你们也就放心地放手了。假期总是过得很快，最后一天，当你们提醒我准备第二天开学所用的东西时，我才开始脑补交不上作业的窘态。我急急忙忙地摊开作业，但可想而知，七天的作业在一天内写完实在困难，结果就出现了那一幕晚上熬夜边抹眼泪边补作业的场景。当晚出乎意料的，你们没有批评我，而是陪着我直到天蒙蒙亮，第二天，我们一起顶着熊猫眼去的学校。下午放学，你们郑重其事地叫过我，看着你们的神情，我感觉"回马枪"要来了。果不其然，你们声明了自己的态度——昨晚没有批评我，是因为怕影响我写作业的效率，但是这件事我确实需要反省。

是的，一直以来，你们都很信任我，相信我是一个会安排、能自律的孩子，结果这次却没有做好，是我辜负了你们的信任。学习是我自己的事情，为此熬夜是我应该承受的，也算是我对自己的行为负责的一种交代吧。对于你们的批评，我无可辩驳，好在你们也说我能自己意识到错误，主动地补救是值得肯定的。你们说这事也不能完全怪我，也有你们的疏忽，你们忽略了我还是个孩子的事实，孩子的天性总是爱玩的，自主性、自控型、自觉性总是没有那么高，你们不应该就那样完全放手，不管不问，或许你们多些督促、多些提醒我会做得更好。听惯了同学抱怨父母的暴政，此时的我，真的有感激有庆幸，感激你们接纳女儿的不完美，庆幸你们理解女儿的失误，爸爸妈妈，做你们的女儿真好。

目标是前进的动力

不知什么时候，同学们都用上了智能手机，我也央求着你们给我买了一部，那是一个漂亮的白色三星，我爱不释手，却对学习的拦路虎又多了一只的事实浑然不觉。从前，作业做完我总是在小区里找同学一起游戏，有了手机后我就变了，变成了在家自己玩手机，出去同学一起玩手机，不知道是不是这个原因，小学还没毕业，我就戴上了眼镜，度数更是每年都涨，检查视力都成了我的噩梦，也成了你们最担心的事。

于是，我们达成了协定，每天玩手机不能超过半小时，并且之后必须出门亲近一下大自然，放松放松眼睛。这次，你们没有再放任我自己搞定，而是认认真真地开始实时监督了，每天都帮我定好闹钟，时间一到，妈妈马上一身运动装地出现在我的面前。爸爸妈妈，你们知道吗？每次我都好气又好笑，这次你们是彻底吸取教训，完全不会重蹈上次我不写作业的覆辙，但我却没有了一点偷懒耍滑的可能。

就这样坚持到了小学毕业。初中后，我开始了住宿生涯，学习的压力也逐渐增大。因为学校离家太远，你们为了方便和我联系，虽然依然担心我不能管住自己，但还是允许我带上了手机。刚刚开始，作为新生，初到新环境加之学校的管理严格，晚上宿舍会时不时有宿管老师过来监督。我每天还是能够按时睡觉，控制玩手机时间的，但到了初二，对人和事的熟悉让我们的胆子也大了起来，针对宿管老师的检查，各种"奇功"纷纷练成。那时我能做到在被窝连看几小时小说都不觉得闷，晚上同宿舍的讨论话题从学校里的趣事到哪部小说更好看、哪个游戏更好玩，我们乐此不疲。熬夜成了常态，白天则集体在课上打瞌睡，每周周末回家恶补睡眠。那时你们还总担心是不是我学习压力太大，现在想想真是愧疚。

后来我的成绩大幅下滑才引起你们的担心，你们问我原因，也许是出于愧疚，也许是出于自责，抑或是因为你们以

> 可现在我却有了方向，有了希望，知道了自己努力的意义，我开始为了接近目标改变自己。

前的包容，我没有隐瞒。你们又问我有没有想要去的高中，我竟一片茫然。我总感觉高中还很遥远，却没有意识到现在已经初二，时间已经屈指可数，而我一直还没有目标，每天在和宿管的"斗智斗勇"中自鸣得意、虚度光阴。是啊，自己的未来就在自己的手里，一周5天住校，你们不在我身边，不可能事无巨细地提醒、监督，一切都要靠自己，如果我还是沉迷小说之中，那一年之后自己将身处何方，谁又能说得准。

一周后，我主动和你们要求把手机换成了老年机，我告诉你们当地最好的高中就是我的目标。那时，我能从你们的眼中看到如释重负的开心，对不起，爸爸妈妈，又让你们操心了。这次女儿一定会抵制住诱惑，好好努力。没有目标时，我是浑浑噩噩的，根本就不知道自己想要什么，要怎么做，学习的价值在哪儿，为什么要学。可现在我却有了方向，有了希望，知道了自己努力的意义，我开始为了接近目标改变自己。每天的学习都不再是煎熬，而是一种充实，那时候，我还是会偶尔熬夜，但没有之前的焦躁，只剩内心的踏实。

终于，我顺利进入了目标高中。爸爸妈妈，非常感谢你们那个周末让我明白，拥有目标，拥有确定的方向是多么重要。

逃避并不能减轻任何压力,就像酒醒后生活还要继续一样,问题始终是要解决,只有勇敢面对、坦然接受。

行动让我告别逃避

我进入的是当地最好的高中实验班,班上的每位同学都非常优秀,每天望不到尽头的上课、作业、考试,这让我越来越疲惫。高三时,你们担心我在学校没办法照顾好自己,就在学校旁边租了房子来陪我度过这关键的一年。回想起那个时候,每天早起晚睡是常态,你们不厌其烦地唠叨着要我早睡,但又无怨无悔地陪着我熬夜,整整一年,你们每天起得比我早,睡得比我晚,这也让我在考差时更加难过,感觉辜负了你们的陪伴。

是的,在最后冲刺的时间里,我开始经常成绩跳水,做过很多遍的物理题会突然不会,背过很多次的单词会突然忘记,感觉自己已经很努力了但成绩却不升反降。那段时间,我爱上了刷剧,我常常偷偷把手机放在资料中间,追着各种美剧,那些或搞笑、或惊险的剧情总是可以让我暂时忘记不会做的题和永远背不完的资料——其实,我只想逃避。

连续两次的月考,我的成绩都惨不忍睹,你们虽然担心,但为了不给我太大的压力仍然安慰着、鼓励着我。第一次模拟考后,便开始了高中最后一个寒假,这也是非常关键的假期,我还记得家长会之后,爸爸您带着我去和班主任沟通了好久,您耐心地请老师对我每个科目进行了具体分析,细心地找出我存在缺陷的科目和章节,一起帮我为寒假的学习定下详细的计划。于是，我寒假的每天都被安排得井然有序，合理的作息时间，适当的运动放松，你们慢慢带我调整，不断给我信心和动力。也许是脱离了学校的高压环境，之前一直逃避那些困难的我，在真正努力去面对以后，才发觉并没有自己想象的那么困难，于是一点一点，之前遗留下的短板被慢慢修补，寒假后成绩开始稳步上升，最终在高考战场上，我不负众望。

从来没有告诉过你们高三成绩下滑那段时间，我其实一直在熬夜追剧。直到现在，我才鼓起勇气在信中向你们提起。因为不论那时还是现在，我都清楚地明白，自己当初的行为是因为逃避，逃避不能提高的成绩，逃避众人比我优秀的自卑，逃避你们心疼的眼神。那和初中时的熬夜不同，我明明可以控制自己，但是我却不想控制自己，就像有些人需要酒精的麻醉一样，我也只是用刺激的剧情麻醉自己，我怕看到你们了解后的失望、痛心。不过，也因为那次经历，让我明白，不论是学习、工作还是生活中，困难与压力总是会突如其来地出现，而逃避并不能减轻任何压力，就像酒醒后生活还要继续一样，问题始终是要解决，只有勇敢面对、坦然接受，才能让你冷静下来。爸爸妈妈，感谢你们在我迷茫的时候没有放弃，感谢你们帮我认清事实、及时纠正。当你们把我拉回正轨的时候，我才清楚自己需要做什么，一步一步地踏实前进中，困难才纷纷给我让路。

爸爸妈妈，我如今在大学校园里，学习压力并没有像高中期盼的那样有所减轻，反而会因为看到更多优秀的人，看到自己更多的不足，发现这个世界还有更多未知需要去学习去探索。虽然没有了任何人的监督，但我已经学会了为自己的梦想买单，我不再沉迷于某个游戏或者某部小说，那只会让自己获得暂时的快乐，可那一方狭隘的天地会让我错失很多人生的精彩。爸爸妈妈，非常感谢你们让我从小学会对自己的行为负责，让我学会成长也要有奋斗的方向，让我有勇气面对困难，今后的生活里，我会努力平衡好学习、工作与娱乐，在劳逸结合中，获得每天的进步。当然也会记得你们一直强调的不熬夜！早睡早起吃早饭！

　　爸爸、妈妈，我爱你们。

　　祝

身体健康，工作顺利！

你们的孩子：小乔

第16封家书

聪明家长这样教孩子认识早恋

迪 娜　高考总分：664
毕业于新疆生产建设兵团第二中学
就读于北京大学临床医学院

> 早恋，对于很多家长来讲，是一个"恐怖"的字眼。发现孩子早恋迹象，家长要如何正确引导？与其明确制止孩子的早恋行为，不如用合理的引导方式来帮助孩子成长。

亲爱的爸爸妈妈：

你们好！收到这封信一定很惊讶吧。刚刚漫步校园，看看一对对的男男女女，突然就想起你们，想起了你们上次电话中问我有没有交个男朋友的玩笑。非常幸运我能拥有如朋友般与我平等相处的爸爸妈妈，一直以来，关于爱情这种更多家长比较避讳的问题，我们总是能无所顾忌地畅谈交流，而我这次写信，也是有了和你们聊聊这个话题的愿望。

小时不识"爱"

回想起小学，班里就有亲密的小朋友，他们上课互相传传小纸条，下课一起牵手散步，互相送送小零食小礼物，同学议论着"他们是不是在恋爱"。当时的我也热衷于八卦这些小故事，也会在起哄声里玩闹，也会回家跟你们学舌我们眼中的"传奇恋爱故事"。

你们曾笑着问，我认为的爱情是什么。好像那时我的答案很简单，说爱情就是一个人对另一个人好，喜欢跟他一起玩。你们哈哈大笑，告诉我："爱情包含了很多内容，是很复杂而又珍贵的感情，你现在还小，还不能很好地了解它，但是等你长大就会明白。""现在的你应该好好学习，做好这个阶段该做的事，让自己变得更加优秀，才会在将来有更多的机会更好的认识这个世界，也能收获更好的爱情。"

所以，再次看到小学同学们的"爱情"，我总是会嗤之以在欣赏他人的同时，要自信，清楚自己的长处，弥补自己的不足，只有这样才能与优秀的人比肩。

鼻。那时的我傻傻地、自以为是地以为，自己已经比其他同学早早地知道了爱情的真谛。确实，我虽懵懂但也模糊地知道，爱情应该是很庄重、神圣而又珍贵的感情，才不是像同学们过家家，而且我也不想因为这样被同学们"八卦"或者因为这样而耽误学习。不过我遵守着与你们的约定，我可以不认同但要尊重小伙伴，要和小伙伴平等融洽地相处。

爸爸妈妈，感谢你们没有在我和你们讨论"爱情"时，批评我小小年纪胡思乱想，也没有回避这个话题，让我对爱情有更深的误解，而是用适合我的理解水平，让我明白爱情的重要意义，告诉那个阶段的我还不具备接受或者给予别人爱情的能力，更认真地对待自己的学习和生活才是小小的我的重要任务。

那不是爱情

竟然又好笑起我升入初中时，你们也曾问过我开篇的问题——哪有爸妈向你们那样直接、干脆地问初中的子女有没有谈恋爱的。确实，进入青春期，我也没逃过一些叛逆的心理，住宿期间跟你们打电话也总是嫌你们唠叨个没完，嚷嚷着要挂电话。但爸爸妈妈，你们放心，我没有，女儿自认还是很理智的。

那是在初一下半年，我的同桌已经偷偷谈起了恋爱，比起小学时的游戏，此时的我们身体、心理其实相对成熟许多，也会有一些萌芽播种在心里，同桌"恋爱"得很认真，但我也真真切切感受到了这对学习的影响。同桌经常会和我分享她的喜怒哀乐，尤其当两个人闹起矛盾，坏情绪经常让她吃不进饭、看不进书，成绩直线下降。有时我都替她着急，人都说学校中爱情多会无疾而终，况且这才中学，漫漫的人生路还长，为什么总是明明清楚却甘于飞蛾扑火呢？爸爸妈妈，如果你们知道这些，是不是在心里会偷偷高兴自己有这么迟钝的女儿！

好在班主任恰逢其时地开了一节爱情主题课。在那时，我们总认为老师会严厉地批评班里的男生女生，没想到班主任用非常幽默的话语谈了她对爱情的想法，也非常鼓励我们表达自己的意见。

那堂课在轻松愉快的气氛中结束，但也让我更加清楚地走出了误区——在青春期，注意到异性、对其他同学产生好感甚至心动，是很自然的事情，但，这并不是爱情。这只是我们在别人身上看到了自己喜欢的品质，"喜欢"是不能等同于"爱"的。爱情会涉及对彼此的承诺与责任，年纪轻轻的我们现在许下诺言还为时尚早。外面还有更广阔的天地、更优秀的人群，而我们现在要做的是去了解、欣赏优秀的同学，并向他们学习。这个世界丰富有趣，现在好好学习，努力提升自己，才能为将来更好地认识这个世界创造条件。

还记得，你们那时总是担心住宿的我因为错误的想法而耽误学习，影响成长，周末回家也会旁敲侧击地追问、提醒我。当我跟你们分享了老师的教导和我内心真实的看法时，你们都夸我长大了，思想成熟了，这让处于青春叛逆但也渴望认可的我非常高兴。

> 我幸运于你们的信任，可以和你们平等自然的交流我内心真实的想法。

我幸运于你们的信任，可以和你们平等自然的交流我内心真实的想法，不用担心会被批评指责，让我的思想更自由，对爱情有了更深的思考，也拥有了无比正确的恋爱观。除了对爱情有更深刻的理解，学会为别人着想、充分尊重他人也是需要每个人应该具备的品质，这是妈妈您教我的。

妈妈，您还记得我曾经跟您说起初三时的一件事吗？班里一位男同学向一位女同学表白，我们在一旁起哄凑热闹，女同学突然变得非常生气、难过，我当时十分不解。回家时我问您："为什么被当众表白会很生气，我觉得很浪漫呀？"您告诉我，每个人都有不同的思想，有的人觉得浪漫，有的人则是感觉受到冒犯，甚至我们并没有恶意的起哄可能已经给他人带来了困扰和尴尬。所以，您告诫我以后要注意自己的言行，不要伤害到他人，要尊重每个人。这些话如今还让我印象深刻，上了大学也有类似的事情发生，这时我总会提醒着自己，要尊重他人、要记得换位思考。

你是一切人间美好

妈妈，如果告诉您我现在有喜欢的人了，您会是什么表现在好好学习，努力提升自己，才能为将来更好地认识这个世界创造条件。

情呢,哈哈……很想看看!不过,我还是没有。但是,您应该还记得我在高中时和您说起的那个他吧。

  中考后,我进入了一所不错的高中,在更广阔的环境里我遇到了更多优秀的同学,其中就有一位。他是文科班里的一个男生,学习成绩好,篮球打得好,在学校艺术节也能看到他多才多艺的表现,在同学艳羡的八卦中知道他待人也非常友好,我非常欣赏他。但是那时的我,总觉得自己没有那么好的成绩,也没有那么多的才艺,自己平凡普通,所以总是失落。妈妈,您看出我低落的情绪,关心地问我是不是有什么压力。一直以来,我都信任您,只要是真实地表达自己的想法,爸爸妈妈你们从来没有指责过我,所以那天我犹豫了很久,还是告诉了您。

  还想您是不是会如临大敌,也像其他同学的父母那样变成凶神恶煞。可妈妈您好像完全忽略了重点,首先否定的不是我的情感,而是我对自己的评价。您告诉我每个人都是独一无二的自己。有的人在某方面付出了努力,理所当然就会在这方面更出众。但不能因为别人优秀就看轻自己,您说您的眼中,女儿非常优秀,配得上一些人间美好。回想起来,我都有些脸红,妈妈您总是对我那么宠溺。但您也说,如果我觉得自己成绩一般,那就更应该努力学习;如果有感兴趣的项目,也可以去发展才艺;对优秀的人心生好感,您不反对我大胆地去认识、去了解、去学习。以后,也许我们可能走到一起，但也许就只是要好的朋友。但，最重要的是认清自己现在最应该做的，就是把握好高中三年这关键的时期，迎接将来更好更广阔的天地；在欣赏他人的同时，要自信，清楚自己的长处、弥补自己的不足，只有这样才能与优秀的人比肩。原谅女儿，还是一直没有胆量去靠近那个优秀的男生。不过，我确实以他为榜样，默默地努力，也许我现在能置身北大，也有一份他的功劳吧。

其实，身边很多鲜明的事例：有些同学沉迷于这种心动与感情而耽误了学业也迷失了自己，也有些同学在对彼此的欣赏中共同陪伴、共同进步，在彼此压力大时，或者在他人不理解自己时给予彼此安慰，甚至到了大学他们仍保持着这种美好的联系。所以在我眼中，早恋也并不是洪水猛兽，最重要的是如何对待。爸爸妈妈，真心感谢你们永远和女儿保持在统一的战线，认真倾听女儿的声音，耐心给女儿正确的教导，让我明白，什么阶段什么更重要，即便遇到也不要一味地逃避、压抑、怨天尤人，敏感的问题，大方地面对，一样会阳光普照。

现在，女儿进了大学，将来也会恋爱结婚，但我并不害怕，因为你们向来都告诉我"爱情"是美好的，我也人间清醒地明白何为正确何为错误。爸爸妈妈，我想你们就是爱情的样子吧，彼此相爱，又爱自己的孩子，给孩子一个自由的家，为孩子树立正确的观念。如果我有孩子，也定会让他在学会欣赏别人的同时不忘自己的优秀,勇敢去进步,勇敢去恋爱。爸爸妈妈,相信你们的女儿一定会很幸福的。

  祝

身体健康,工作顺利!

爱你们的女儿:迪娜

第17封家书

如何培养孩子的社交商

梁 爽　高考总分：675
毕业于河南省安阳市内黄县第一中学
就读于北京大学元培学院

怎样交到朋友？交友标准是什么？如何维系好和朋友之间的感情？这些难题，少年们都曾经历，也都正在经历。而父母，又会为孩子提供什么样的交友建议呢？

亲爱的爸爸妈妈：

你们好！见字如面。

女儿进入北大已半月有余，想必你们一定很关心我的近况吧？记得妈妈送我入寝室安顿内务时，最后一句话是——"一定要和舍友们好好相处，这都是你以后最亲密的朋友。"在这里，我想告诉你们：我和伙伴们的关系非常和谐，而这得益于你们帮我树立的正确交友观念。

主动，才不会错过

"想和小朋友玩，但是却不告诉他们，他们怎么能知道，想要交朋友，你要主动一点。"妈妈，我明白的第一个交友道理，就是您教给我的。一年级时候的我，胆子是真的好小，不敢主动和小朋友接触，不敢参与大家的游戏，对谁都是怯生生的。孩童的情绪总是写在脸上，您发现了我的落寞和"不合群"，耐心鼓励我去主动交友，勇敢迈出第一步。一开始我仍旧拘谨，但是您给我不断地加油，鼓励我去尝试与同学们接触，大胆地牵手。终于，我鼓足勇气，主动走出了一步，小伙伴们也用最最热情真挚的笑脸回馈了我。大家集体游戏时愉悦的欢笑，妈妈您欣慰的脸庞，都让年幼的我尝到了"主动交友"的甜头。

和大家一起捉迷藏、丢手绢的时光真的好快乐，可不知为何，这种快乐渐渐消失——朋友们不再愿意和我一起玩。

委屈的我回家扑到您的怀里大哭。"小朋友们本来都那么友好，现在却不想和我们玩，一定是有原因的对不对？我们问一下，好不好？"在您的坚持与鼓励下，我又主动去询问原因。"你那个玩具很漂亮，却总是自己一个人玩，我们当然不太开心啦！"一个小男生气鼓鼓地说。您了解之后反问我，如果别人有一个好玩的玩具，但是就不让我玩，我是不是也会很不高兴；如果那个小朋友让我玩一会儿，我是不是会很开心。原来是这样。我把玩具大方地让各位小伙伴互相传递时，他们眼中的满足与喜悦，我的小脸也随他们笑眯眯的眼神绽放成了一朵向阳花。是的，朋友间当然要分享，因为分享的快乐远远比那些没有生命的玩具更生动。

> 我就不得不佩服妈妈你的教育智慧了：角色互置，换位思考。

当时的我，只是明白了"好朋友间要懂得分享"，但现在细细思考，我就不得不佩服妈妈您的教育智慧了：角色互置，换位思考。您简简单单的几句话就让尚且年幼的我能够设身处地地明白他人的想法、理解他人的想法，而不是抱怨他们不够友好。年幼的孩子们总是那么直接又简单，可能只是几颗糖果、一个玩具，就会让他们单纯的喜欢或讨厌一个人。在复杂的成人世界中，不也是这样吗？尊重别人的感受，理解别人的做法，朋友间相互体谅，关系才能更长久。

友谊是一种和谐的平等

现在想想，小时候的我多乖巧啊，又听话又懂事。可再懂事的孩子也逃不过"青春叛逆期"的魔咒。而彼时初二的我,就中了这个"咒语",追求张扬、新潮、个性,想要与众不同,想要引人注目;恰巧,"颜值即正义"这个词又随着网线溜进了少年人的脑袋里。两者相互碰撞,在我脑海中产生了古怪的"化学反应"——我隐隐约约地认为:"有颜值就是有魅力,我想要变成这样的人,我的朋友也应该是这样的人。"

在这种奇怪想法的指引下,我开始向长相好、穿衣潮的人聚拢,有意无意地疏远那些"颜值普通"的朋友,不愿与他们深交。"近朱者赤",与"有颜"朋友们交往自然也对我产生了一些影响——我有些过分在乎自己的外表和穿着。用爸爸您的话说就是"被下了蛊"。

当自己家正值青春期的孩子照镜子的次数变多,当她总以"我朋友就有一件这样的衣服"为理由来要求置办新衣时,爸爸妈妈,你们已经发现我有点"不对劲"了吧?还记得那天晚上,爸爸您收起了平时温和的面容,神情严肃,把我喊到房间里去"聊聊天"。从小都被父母长辈温柔呵护的我哪里见过您这般严肃的批评教训,只好把心中的想法全摊了出来。这些想法有"我想努力提高颜值",有"我的朋友们穿着打扮都很好看,很有魅力",也有"颜值不高的同学不太受欢迎,我也不太喜欢他们"……

"难道模样漂亮就优人一等了吗?难道相貌普通的同学没有交朋友的权利了吗?"您低声呵斥道,话语中有藏不住的尊重别人的感受,理解别人的做法,朋友间相互体谅,关系才能更长久。

怒气，而且您的面色越来越阴沉，神情越来越严肃，我也愈发感到不那么理直气壮，脸越来越红，声音越来越小，直到泪水控制不住地从眼眶中涌了出来……

> 在惭愧与后悔的情绪中，我也开始了对自己行为的反思，对自己交友标准的反思。

"写一份千字检讨书"，这是您对我的惩罚。在惭愧与后悔的情绪中，我也开始了对自己行为的反思，对自己交友标准的反思。"每个人都有与他人平等成为朋友的权利，这种权利与他的相貌、行为等都没有关系。""选择朋友的标准不在于他的外表，而在于他是否有优秀的品质，是否能对自身的成长有积极正向的影响。"这几句话，是爸爸您在看过我的检讨书后对我交友择友的指导建议。

我不知道您还记不记得这几句教导了，但它确实对我产生了很大的影响——我开始意识到了自己"颜值即正义"的观点有失偏颇，不再被颜值的"浪潮"裹挟；更明白了交友择友的真谛：平等交友，与真正的君子交友。我摒弃了之前的错误想法，主动与大家相处，并且有了那么几位有上进心、学习刻苦努力、为人善良真诚的同学做朋友。这些好友的相貌或普通、或优越，穿着打扮或朴素、或光鲜，但这些都并不是我在意的或是以此评判他们值不值得交往的因素。我们是好朋友，是共同努力、共同进步的伙伴，仅此而已。

守护，让情谊更长远

时光就在你俩的陪伴下优哉游哉地到了高中。此时的我在你们的悉心指引下，已经树立了正确的交友观念：主动、热情、乐于分享，不带有色眼镜，与所有人平等交友，与好友们共同进步。

我在初中时，同兴趣相仿、性格一致的小G同学，结成了无比深厚的友谊。还记得初三的时候，我们两个总是形影不离，被妈妈您笑称为"连体婴儿"呢！可是"天下没有不散的筵席"，初中时期亲密无间的我俩，却考上了不同的高中。两所学校距离甚远，我和小G见面的次数变得屈指可数。慢慢地，我觉得我们的关系淡了，有时候，我会和你们抱怨小G的背叛——肯定是交到了新朋友就忘了我这个老朋友。

你们反问我，我是怎么做的呢？是不是也像她一样，有了新朋友忘了老朋友？有没有主动联系过小G呢？我认真地回想了一下。确实我也没有做得多好，我犯了许多关于朋友间相处的错误。步入高中生活，我又迈进了一扇通往新世界的大门，这里有新的朋友、新的环境、新的氛围。当下的新奇吸引了我，加之我对小G友谊的笃信，于是，我多次忽略了小G的感受——为了和新同学看电影，我拒绝了小G聚会的邀约，丝毫没有考虑到我们能够见面的次数是多么稀少；早已答应好小G一起过生日，却在她生日前一天临时改变决定，只是为了能在那一天去参加校园艺术节表演选拔……渐渐地，由于我多次的爽约，小G变得不再主动。

可就像爸爸妈妈你们后来开导我时所说的，不能因为自己觉得友谊已经足够牢固就忽略好朋友的想法,朋友间的关系越好,就越要重视对方的感受。因为对方和你的感情越深,就越会在意你的举动。当我后知后觉地意识到了小G不复往日的热情,开始抱怨的时候,其实,小G也已经对我失望了,多次拒绝我的主动邀约,不给我补救的机会。

我开始懊恼和反思自己以往的不当举动,却也不愿主动承认自己的错误,不想主动示好,为此我烦躁不已。"友谊需要认真维系,朋友再亲近,都不能随心所欲,都要理解并尊重她的想法。""你们是那么好的朋友,只要你真诚地向她道歉,她又怎么可能一直不理你呢?"……爸爸妈妈,是你们察觉到了我心中的苦闷,耐心地给我开解,鼓励我放下面子和固执,主动道歉,及时弥补了我和小G的友情裂缝。谢谢你们共同守护我和朋友的感情,到现在为止,她仍是我最好的朋友。

主动交友,乐于分享,平等交友,不忽视好友的想法……这一点一滴,都是你们向我传输的观念。爸爸妈妈,细数我交友择友路上每个风波出现时,我的身后都有你们的支撑。或温柔,或严厉,或耐心……每个态度的转化都是为了我能稳住友谊之船。有些话语在心口却难当面讲出,那么就让我以这封家书的形式,向你们说句"谢谢",谢谢你们,成为我生命中最亲最近的人;也谢谢你们,帮我寻觅和守护了更多亲近的人!

望

身体健康,心情愉悦。

你们的女儿:梁爽

第18封家书

教孩子控制好情绪，
父母必修这堂课

付少青　高考总分：650
毕业于安徽省合肥市第八中学
就读于北京大学国际关系学院

从咿呀学语的孩童到亭亭玉立的大学生，是父母用爱浇灌、用心教育、用行动支持我一路走来。从爱乱发脾气到拥有完美的情绪掌控力，父母给了我最大的帮助。

亲爱的爸爸妈妈：

你们好！

这是女儿给你们写的第一封信，借此信，想对你们说声"辛苦了"，更要说声"对不起"。从小学生、高考生、到如今的大学生，我一次次跌倒又站起，是你们的坚定支持给了我勇气，是你们的谆谆教诲给了我力量。在成长的道路上，你们为我付出了太多、牺牲了太多，我却因为不懂事与羞于表达错过了一次又一次感恩的机会，也借此信，对你们说声"谢谢"。

人们常说"父爱如山，往往深沉严厉；母爱如水，往往温柔细腻"，但爸爸妈妈，作为你们的女儿，我一直感受到的都是你们细腻的心思，关照到了我的方方面面，包容我的小情绪、坏脾气。

对不起，妈妈

"烟霏霏，雪霏霏。雪向梅花枝上堆。"妈妈，您还记得那个冬日午后吗？地面上的雪俏皮地结成了冰，阳光从家里客厅的百叶窗透进来照射在沙发上。这是多么一幅美好的景象，然而咱们家中却萦绕着紧张的氛围。我正朝着您大吼："怎么这么烦，怎么谁都能批评我，我不想学了！"您脸上一片惊讶，刚刚下班的爸爸也不明所以。没理会你们的感受，我赌气地跑下了楼。

雪后的小区里没什么人的踪影，脑海里浮现出妈妈刚刚在劝说我时的温柔笑意。这还要归根于高二的一次月考成绩，我史无前例地因为数学发挥太差，掉到了年级30名开外。班主任把我叫去询问情况，而我的心思早已开始神游，只听到一句"这样下去你高考就完蛋了……"最后，是一阵铃声解救了我。

我的心里憋着一口气，直到您周末来接我回家。可能是接到了班主任的电话，您想询问一下情况，可我的情绪已经压抑到了顶点，生气、委屈让我控制不住自己，是不是说了什么伤人的话，或是做了什么伤人的事都开始模糊了。接着就是我的摔门而出，没有目的的我在楼下瞎晃，没多久，远远地看到您匆匆赶来，单薄的衣服让我清楚您的担心。

您看到了我，只说了声："傻孩子，什么事都没有你重要。"我忍不住哭了，"对不起"却卡在嗓子里，始终没有出口。

正视情绪，接纳自己

书房里，完全没有我意想中语重心长的说教，反而收获了我人生中很宝贵的一段经历——妈妈您告诉我：人之为人拥有6种情绪：快乐、悲伤、愤怒、惊讶、恐惧、厌恶。每个人的人生中都一样，不光有快乐，更多的时候还要承受着来自四面八方的负面情绪，或许是他人转嫁给我们的，或许就是我们自己内心产生的。您没有以一个父母的身份对我加以指责，而是以朋友的角度帮我分析，负面情绪就像它的名字一样，肯定会对人产生负面影响，但是，负面情绪管理得当也会成为我们一种释放压力的方式，它也可以给我们积极的回报，让我们成为更好的人。

负面情绪怎么还会有好处呢？在我的认知里，负面情绪是没有好处的。但是妈妈您告诉我，能拥有一种平和的心境，能够积极地面对生活中遇到的负面情绪，这对我将来进入社会是有好处的。这次数学考试失利，您鼓励我正视自己悲伤、愤怒的情绪，因为这样做才能接纳自己。

其实，我知道不该纠结于一次考试成绩，但是我忍不住难过，当时内心很煎熬。您说："不要急，妈妈教给你几个小方法，可以帮助你调整自己的情绪……"

您擦去我眼角的泪水，那么温柔细腻。整整一个下午，您都在书房里陪我，慢慢地，我的情绪从激动到冷静，我心里清楚地感知着并惊讶于自己的情绪变动。

爸爸看我平静下来，也轻轻走到我身边劝慰，并告诉我，一个人的层次水平越高，情绪就越是一种工具而不是一种天性。如果把人比作一栋房子，稳定的情绪就是坚固的屏障，唯有坚固的房子才能装修打造，使其更完美。

当时我懵懵懂懂地回答着"知道了"，但真正学会了情绪管理后，我才在学习、生活中一一认同你们讲述的道理。

不开心的时候不要憋着,可以一个人散心、运动、专注于自己的爱好或者和同学倾诉。

做情绪的主人

爸爸妈妈，是你们教导我正视情绪，理性宣泄负面情绪——人生不如意事十之八九，在高三一整年，我经历无数。在面对学业上的挫败、友情中的吵架、生活中的疲惫时，我常常生出"生而为人，我很抱歉"的想法，但每当这时，你们安慰我的话总是回荡在我的脑海。你们让我不开心的时候不要憋着，可以一个人散心、运动、专注于自己的爱好或者和同学倾诉。于是我的身影经常出现在课后的操场，跑步挥洒的汗水使我能快速调整一切坏情绪。你们一定还不知道，女儿已经可以当小老师劝说其他同学如何正视情绪、宣泄情绪了。

爸爸妈妈，你们教导我如何管理情绪，减少情绪的大幅波动——你们曾告诉我："不要过度关注别人对你的评价，因为很大程度上，负面情绪就来自于此"。我也一直在朝这个方向努力着，从因为同学在背后的议论而偷偷哭泣，到坦然面对一切评论，活出自己的人生，我仅仅用了一年时间。之所以能这样，是因为我学会了更坚持专注于自己认为是正确的所作所为，管他人如何"我自岿然不动"。关于减少情绪波动的负面影响更多需要心态上的调整，你们没有给我明确的答案，反而让我自己探索。我本来还疑惑为何，现在我才明白，因为方法是固定的，而人与人是不同的。只有在真正经历了负面情绪的挫败后，我才意识到如果不制止而让负面情绪无

> 不要过度关注别人对你的评价，因为很大程度上，负面情绪就来自于此。

限扩散，会打乱我们本来的学习和生活节奏，甚至严重者有抑郁的可能。

说起来还有点不好意思，爸爸妈妈，你们还记得我高考前的最后一次模拟考试发挥失常的事情吗？其实我知道回家的那天，你们在客厅开了一场家庭会议。那个时候我已经能控制自己不去纠结，但妈妈您却仍然担心我，想让爸爸再找我聊聊，爸爸却让您不要过于担心。你们还是选择了相信我，相信我能自己解决好一次小小的考试挫败，相信我能自己掌控自己的情绪。在这里，我真的很感谢你们的体贴、信任。

写在最后

六月炎炎，你们送我进入高考考场；金秋九月，你们送我踏入北大校园。爸爸妈妈，沐浴在北大校园的阳光下，我的内心无比强大，良好的情绪让我在高三压力最大的冲刺月从未被紧张焦虑击溃；良好的情绪让我在面临第一次离家求学时从未因思念你们而无法适应。随着年龄的增长，我发现你们的每一句劝导都是宝贵的人生经验，尤其是对于情绪的管控，无时无刻不存在于我的生活中，以后，我将会更加愉悦地迎接挑战。

爸爸妈妈，在今天提笔的时候，我不禁又回想起那个午后，那段由一次数学考试引发的教育。"父母之爱子，则为之计深远"，你们的话，我全都牢记心中了。女儿在这里保证，我会慢慢长大，在以后的学习、日常生活乃至工作中，都会做自己情绪的"主人翁"，积极面对所有正面与负面情绪。请相信我，一定不会让你们失望的！

  祝爸妈

身体健康，开心快乐！

爱你们的女儿：少青

第19封家书

包容的力量：如何帮助孩子平稳走出叛逆期

张馨月　高考总分：689
毕业于四川省绵阳南山中学实验学校
就读于清华大学电机系

> 青春期的孩子，有一些敏感，也有一些叛逆。此时家长应该多关注孩子的情绪，更多地做好疏导工作，这样才能帮助孩子平稳地走出叛逆期。

亲爱的爸爸妈妈：

你们好。

已经有差不多半年的时间没有见面了，自从上大学以来，故乡就只有冬夏，没有春秋了。今天，我忙完了学校的事情，坐在桌前，决定给你们写一封信。

上周末，我去了大学周边的一所初中做志愿者活动，看到那些中学生们青涩的脸庞，想起了之前的自己。曾经的我，也带着这样的一分稚嫩、一分倔强和一分叛逆。这一路走来，真的不容易，也没少让你们操心。幸好，我已经度过了那段最难的时间，成长为了一个心智比较成熟的大人。而在这期间，你们也付出了很多。

青春期的我，该何去何从

我叛逆期最严重的时候，应该是初二、初三那会儿。随着年龄的增长，我越来越有自己的想法，越来越渴望独立。这固然是一件好事，象征着我的成长，但是，随之而来的是，我变得偏执，我觉得自己的想法是正确的，我听不进大人的话，觉得你们和老师的那些教导都是没有意义的唠叨。有时候，面对你们对待我像孩子般的管束，总让我心生不满，想拼命反抗。

记得那段时间，我在学校有了一些比较亲密的好朋友，我开始不愿意待在家里，每有时间，更愿意跑出去。你们注

青春期的孩子容易迷茫，
但青春期也同样宝贵。

意到了我的变化，后来，我每次出门，你们总会问我去哪里、找谁玩。这样的问题完全是出于对我安全的担忧，但是我却固执地认为你们想要"控制"我，想阻止我和朋友来往。

妈妈，记得有一次，我晚上10点多回家，您担心地问我去哪了，明明是关切的话语，但是到了我的耳中，却变成了别有用心的算计。我开始控诉您的"专政"，抱怨您的啰唆。我好像说出来了很多让您伤心的话，以至于向来脾气好的爸爸都开口变得愤怒。您的哭泣、爸爸的指责，让我觉得全世界都在与我为敌，家里让我变得压抑。

记得那时我的脾气非常差。那时候，妈妈的一句"早点回家"、爸爸的一句"别太贪玩"本都是随口的善意提醒，我都会认为你们在故意挑刺，经常是闷声回屋或者是马上不甘示弱地顶嘴回去。有时你们态度温和，我也会觉得是你们在刻意忍耐或者惺惺作态。有时我也能看出你们的小心翼翼，却自私地以为是自己的胜利而扬扬得意。

爸爸妈妈，那时候的我，是多么的幼稚啊！你们是怀着一种怎样的心情，才能包容那么放肆的女儿。叛逆期的我，眼里只有自己和自己的世界，全然没有顾虑到你们的感受，不能接受你们一丁点儿不同意见。有时候甚至完全是不讲道理，只是单纯地为了和你们作对而作对，想到这儿，女儿真的是悔恨不已。

一起事故让我转变

真正让我走出叛逆期的是那件意外的事故。那天，我又是很晚回家，却发现家里的灯都是黑的。后来，你们也知道，是妈妈见我太晚不回家，出门找我发生了事故。妈妈，您知道吗，看到病床上的您，我当时心里深深自责，是我的任性给您带来了这么大的负担和痛苦。

妈妈出院后，我们三个人找了一个午后的时间，一起出去散步。那天，你们说出了自己的担忧，你们觉得我如果在这样我行我素下去，学习好坏姑且不论，但未来的人生真的会误入歧途。而我也第一次试着去理解你们。你们并不是想要"控制"我，也并不是故意"找茬儿"，而是发自内心地担心我，青春期的孩子容易迷茫，但青春期也同样宝贵，你们担心因为自己的缺位造成以后不能挽回的后果。爸爸妈妈，谢谢你们，没有放弃女儿，谢谢你们，还信任我正直、善良。好像，我应该改变些什么了。

走出叛逆，理解父母苦心

妈妈，那天之后，我每次出门，都会和您说一声，只希望您不再担心。您偶尔也会让我带些水果和同学们一起分享，当同学们笑着说做您的孩子真好时，我也真心这么觉得。您和爸爸开始接受我的社交圈子，我开始在不经意间向你们讲讲我和同学的事，讲讲学习困难，有时候，家中的问题你们也会主动征求我的意见，我们的关系越来越缓和。

  爸爸，还记得那次我朋友生日吗？我们几个好友约好给她个惊喜，而我当时想送一束鲜花，也和您约定好了，您说下班会买回来让我带走。可后来，约定时间马上就要到了，我却左等不来右等不来，当时开始满心埋怨您不能做到就不要轻易答应。就在我都要放弃的时候，您满头大汗地出现，我没和您说一句话就拿上花气急败坏地径直走了。等过完生日回来，妈妈说您工作紧张，送完花就回公司了，还说您嘱咐，不要让我生您的气。爸爸，您那么辛苦忙碌，还不忘信守和我的承诺，而我从没有体谅过您的不易。爸爸妈妈，你们总是把最好的给我，从不求回报，而我心中只有自己，每天享受着你们无私的爱，却还总是不珍惜地无情地辜负。女儿有愧！

  时间就在你们绵长细密的爱中流淌，不知从什么时候开始，我好像已经完全走出了叛逆期，我把精力重新放回到学习。回顾之前的事情，我有时会惊讶于为什么当初的自己，会说出那样的话、做出那样的事。但青春期就是这样，从幼稚走向成熟，我有过很多的不羁与迷茫，我曾迫切地希望摆脱你们的束缚，却又心安理得地享受你们的付出，我曾因不懂你们的用心良苦而或疏远，或叛逆，但你们却始终不离不弃。

> 家中的问题你们也会主动征求我的意见，我们的关系越来越缓和。

不知从什么时候开始，我好像已经完全走出了叛逆期。

现在,我只想真诚地对你们说句"对不起"。爸爸妈妈,在你们努力工作养家的时候,还要面对一个叛逆而不懂事的我,真的很抱歉。爸爸妈妈,我感谢那时候的你们,愿意包容那个敏感而暴躁的我,帮助我平稳地走出黑暗,走向成熟,你们辛苦了。

你们的孩子已经长大、懂事,未来的路就放心地让我自己来吧。唯愿你们保重身体,每天开心。等下次回家,我们再一起吃吃饭、聊聊天,享受家庭的快乐。

你们的女儿:馨月

来自清华北大学子家长们的回信

家庭教育对孩子性格的形成和发展具有重要和深远的影响，这点毋庸置疑。可是现实生活中，家长们会发现自己即便绞尽脑汁，还是无法应对孩子应接不暇的"成长问题"，孩子的不听话、难管教到底是什么原因造成的呢？我们不妨耐心地看看作为"过来人"的清华北大学子家长的教育秘籍。

家长回信一

为人母亲，我很幸福

> 有人说为人父母就是苦尽甘来，我却觉得，陪伴孩子成长的这一路，半分苦涩都没有尝到，只有茶余饭后聊起时的温暖与甘甜。

亲爱的女儿：

你好。

好久不见，你在北京过得好吗？眨眼间你已经开学一个月了，就好像眨眼间，你就从我怀中的小婴儿，出落成了如今亭亭玉立的模样。你的信密密麻麻，没有老花镜，我已经有点看不清了，但我还是很开心，就好像你在我面前撒娇说话一样。

  记得你小时候,小小的一团,睡醒见不到我就会哭,连洗澡也要搬着小板凳在门口等着,生怕一不留神我就会消失。那时候,我觉得我女儿是全世界最可爱最乖巧的孩子,是上天给我的最好的礼物。哪怕是你不愿提起的初中时期,我也依然这么觉得。

  你说在你初中时,我们曾因为收拾房间爆发过争吵,其实我已经记不得了,倒是那摔门声,近几年都没怎么响起,在我的记忆里倒是越发清晰了。有时是因为你睡到了中午还不吃饭,有时是我拉你出门运动你懒懒不动,又或者是其他鸡毛蒜皮的小事,本都可以好好沟通便风平浪静的事,不知怎么,最后却总会爆发出激烈的冲突,"嘭嘭嘭"的响声竟是以前我们每一次矛盾的休止符,激昂的乐章总在这时戛然而止,留给我们彼此冷静思考的空间。

  那骤然合拢的门,有时候是在你的房间,有时候却是在妈妈的卧室,其实我有时候也控制不住自己,也许就是你口中的"更年期"吧,以往的耐心在看到你对着我倔和你肆意地发脾气时会突然消失殆尽,会忍不住和你生气,有时生完气后还忍不住委屈,偷偷跑到房间里抹眼泪——说出来有点丢脸,都好几十岁的人了,竟然还像我的女儿一样哭。

  但你还记得吗?那时候的你会蹑手蹑脚地走进来,和我一起靠在床头,像我小时候搂着你一样,依偎在我身边,抱着我的手。都说女儿是贴心小棉袄,我觉得不对,你分明是

我觉得我女儿是全世界最可爱最乖巧的孩子。

阳光、星空、彩霞和新雪，是汨汨的清泉，是簌簌的松叶，是盛夏夜里蝉鸣时的一晌好梦，是世界上一切美好事物的合集。要不然，怎么在那一刻，我会突然这么欢喜、这么感激，这个世界上有了你！

青春期的孩子会叛逆，我知道而且也一直都在小心翼翼地提防着，准备着……和你吵过两次之后，我其实已经开始有意识地控制自己的脾气，被你控诉过之后，我也开始反思自己的做法。在生气时，我尽量让自己能心平气和，不让自己再像你小时候那样粗暴地大吼，也不会在你赖在玩具店不肯走的时候强提着你离开，妈妈知道你长大了、你懂事了，我尽量尝试着用你能接受的方式来和你沟通。

我尝试着理解你，毕竟妈妈也有过十几岁的时候，那时最年少轻狂，就像是山巅的雪撞入了凡世，掀去了懵懂，开始认识世界真实的一角。我尝试着站在你的角度，理解你们这个年纪可能对世界的理解，思考你们这个年纪可能会思考的问题。不过，我经历的年代和思想与你们现在毕竟是不一样的，我的经验也不全部能够适用于现在，所以我们依旧会置气、争吵，只不过比起刚开始的猝不及防，妈妈也在学习，最起码先学会把自己的情绪控制好，然后再去引导你。

爸爸和我说过，你性子太急了，有什么事巴不得一下子解决，有什么脾气也不管不顾地任性撒完，半点也不想闷在胸腔里。我理解你的年轻气盛，但还是要提醒你，如果是在家里，发发脾气又如何，但你终究要走出家门，走入社会，到那时候，又有谁会像父母般包容着你、让着你呢？

所以我们还是要教你。

从摔门到静坐，从声嘶力竭到心平气和，从蛮不讲理到主动道歉。妈妈很欣慰地看到，遇到不如意时，你的第一反应可能依然是生气，但我的女儿已经在学着控制自己的情绪，至少现在的你能够在有情绪的状态下坐下来听别人说话。在我看来，能做到以解决问题为目的地处事，我的女儿已经比同时期的妈妈沉稳很多。

但是还不够，你现在就是一块无瑕的白璧、洁白的画纸，等着我们——现在是我们，以后还有更多人、更多的事去雕琢和渲染。我和爸爸最先站在了你的面前，我们只能尽我们所能，去打磨，去涂抹，以期望能够让你有足够的能力，去面对以后的生活。

你在信里提到了些妈妈的策略，其实没那么讲究，我只希望让自己成为榜样，虽然不是那么优秀，但我尽量用自己最好的状态去带你，不是一味地压迫或命令，而是和你一块学、一块闹，和你敞开心扉地谈天说地，和你并肩在夜色中绕了一圈又一圈。

我努力把你放在一个平等的位置上，和你商量着周末的安排，如果你只想要在家里睡觉，那我也能体谅你平日的辛苦，让你按时吃饭，好好休息；如果你想去爬山逛街，我也奉陪到底。我怕对你的照顾过于"细心"而谨慎地控制着自己，敲你房门但不主动推开，看你放松玩闹也相信你能合理安排学习，假装对你漠不关心，但如果某天你突然向我撒娇诉苦，那我必然会拿出万分的真诚，洗耳恭听；尝试着培养你的三观，遇到事情先询问你的观点，我有想法但不强硬地让你接受，有时候我们的处事方法也会相悖，但这没关系，我们都在学习中进步，毕竟没有哪个人能做到尽善尽美……

看到你成功，我会欣喜，但提醒你不要自满；看到你失败，我会悲伤，但鼓励你下次再来。你所提出的合理要求，我尽力满足，你所渴望的潮流事物，我尝试理解。我喜欢看你收到新手机后的爱不释手，也会提醒你当初在央求时"绝不影响学习"的保证；我喜欢和你待在一块儿用年轻的眼光看待一切，也会在你钻牛角尖或陷入迷茫时稍加指点。

……

妈妈觉得对你的教育还是很成功的——我不怕这样对你自夸，因为我的女儿真的成了一个，竭尽我的所有想象，也不敢想象的优秀的人。

妈妈经历过沉浮起落，跋涉过四季山水，贪恋过瀚海波涛，也触摸过枝间雾凇，但生你、养你，还是头一回，正如你被我养着，成长着，也是头一回。回首这一路，我好像做了很多，又好像只是平平淡淡，把你抚养成人，送你远走高飞。

我喜欢和你待在一块儿用年轻的眼光看待一切,也会在你钻牛角尖或陷入迷茫时稍加指点。

有人说为人父母就是苦尽甘来,我却觉得,陪伴你成长的这一路,所有经历过的挫折和难过,现在回忆起来,半分苦涩也没有尝到,反而成了和你茶余饭后的谈资,以及聊起来心中泛起的温暖与甘甜。

　　读着你的来信,我想了很多,本以为回你时会长篇累牍,没想到写下来只剩这些。絮絮叨叨的一堆,但想说的其实最终也只有一句:

　　女儿,你放心地去飞吧,去追逐向往的生活,偶尔累了回头看看,家里永远有一盏为你点亮的灯,爸爸和我永远爱你。我们为你骄傲。

　　愿

健康快乐,学业有成!

永远爱你的妈妈

家长回信二

成功路上有片花海叫挫折

> 人生中,有风有雨是常态,不要期待一路花开,偶尔的不如意,也许能带给你意想不到的收获,不要惧怕,我们一起坚持。

亲爱的女儿:

在学校可好?现在家里吃上了时令食物大闸蟹,但餐桌上少了你,感觉食物都没有那么香了。游子在外是求学,做父母的不应拴住孩子,等你回家再给你补上。

妈妈知道你的情感表达内敛,很多事情不到最后关头并不会和家里人吐露。我没想到这封信里会有这么一段厚重的故事。以文字的方式表达应是减轻了你不少心理上的压力，也让我得以一窥当时你的一些想法。那么，妈妈也想像你一样，把我的心思跟你透露一下吧。

首先，妈妈必须向你道歉，以往对你大声指责并非我本意。都说父母打孩子，打在身上，疼在心底。当时说你"心理素质差"，其实就像回旋镖一样，指责也落回在我身上。这道疤随着时间的流逝渐渐愈合，却仍时不时地痒痛，惹人去挠。你发现了吗？你的自信多来源于外界的标准的肯定。比如说，考试考得好了，那么那段时间的你是自信的，会认可自己的学习能力。而当外界评价不好的时候，你就会缺乏原生、内驱的自信去引领自己前行。我总是想，如果当时能多给你一点守护、关爱，少用些"你应该怎样怎样"的句式，会不会更好？

当时那件事，妈妈做得并不好。明明才安慰你一小会儿，我就已经不耐烦，这是其一。从小对你只有赞赏鼓励，让你沉浸在甜言蜜语的溺爱中，突然将你拔离温室还对你苛责，这是其二。仅是一件小事，就说出这么重的话，这是其三。我想，如果妈妈早一点放手，早点让你经历风吹雨打，我们当时的交流相处会不会更顺畅一些呢？你也可以多点历练，不用让情绪累积在一个节点爆发。但看你的来信，幸好当时歪打正着，教会了你直面挫折，那便也作罢吧。

遇见稀松平常的困难就把它当成挫折，解决了问题便自我感动，那路只会越走越窄。

> 我总是坚定地认为需要多点鼓励与赞赏，帮助孩子树立自信心。

现在，也有很多朋友问我应该怎样培养小孩。我总是坚定地认为需要多点鼓励与赞赏，帮助孩子树立自信心。这样，小孩子们会习惯于与优秀的自己相处，便不会忍受自己的滑坡。但看过了你的来信，我反复思考，这样的模式其实并不健康。大家总会遇见像你那次数学考试一般的情景，那时候去思考如何应对挫折则需要花费一番心思。现在，我认为在鼓励与赞赏之外，点醒也是必要的。点醒孩子不要骄傲，点醒孩子失败乃是常态。但育儿的矛盾点可能就在这里。点醒过多、挫折过多，又该如何避免"破罐子破摔"的情况呢？你自己跌跌撞撞地往前走了，你是幸运的，妈妈更是幸运的。

还记得有一次带你去庐山，我倒也没有想那么多，只是觉得该去看看，该去体验体验。有一点妈妈需要纠正你，下庐山，是挫折吗？它只是一段有点累的旅程。跑800米累，爬10层楼累，下庐山也累。但这种累是有尽头、有结果的，也是有简单明晰的解决之法的。但生活中、人生中更多的挫折是你始料未及的。意外和明天，不知道哪个会先来。这些人生中的挫折，不是你坚持跑、坚持攀登就能轻易解决的问题。它会像一座山压垮你，会像指南针失灵的沙漠困住你，也会像深沉的夜色诱惑你……

我总爱以伟人举例子，也爱以伟人培养你的品格。他们的故事确实动人。你看，那么多伟人都没被命运所击垮，内心有着对光明美好憧憬的海伦·凯勒、扼住命运咽喉的贝多芬、包括我们之前去听的无臂画家谢坤山的讲座……他们都在挫折之下谱写了自己的精彩人生。你对于挫折的定义未免还是有些偏低,你可以从"下庐山"的这件事情中悟出直面挫折的重要性,但万万不可矮化挫折,否则很容易陷入自我感动的怪圈。遇见稀松平常的困难就把它当成挫折,解决了问题便自我感动,那路只会越走越窄。当然,妈妈希望你顺顺利利,但仍要对挫折心存敬畏、拥有对抗挫折的能力。

还有"包袱"的问题——不能应对挫折的人往往给自己的包袱都过重。拿过第一名之后,便希望之后每次比赛都是第一名,做好了万全准备再去参加。但其实这是大错特错的。中学阶段的你身上尤为明显,妈妈不免为你担心。有了更广阔的平台后,竞争变得更加激烈,你却过多地将目光放在"后台"上,指望默默努力后惊艳所有人。但其实,"前台"才是提升最大的场所。妈妈希望你勇于登上前台,接受观众、评委以及自身的审阅;在一览无余的聚光灯下发现自己的薄弱,不断补强。

你还记得那次英语演讲比赛吗?高一的你不愿意参加,想将口语练到流利后高二再来,但我当时强硬地推了你一把。为什么不把比赛当作历练的机会呢?哪怕失败了、不如意,也都是极好的复盘素材。但妈妈同样也有着后悔。想想还是逼着你做了一些你本不那么愿意去做的事，虽然结果是好的，但我更希望是一个你我都美好的过程。

妈妈知道你喜欢乒乓球，也有喜欢的一位擅长打逆风球的选手。你每次和我讲起她的故事，都是激动的、羡慕的、憧憬的、有活力的。"15岁三单救主""一局挽救8个赛点"……妈妈每次听着心里都满是欣慰。妈妈衷心希望你可以成为像她一样的"大赛型选手"。拥有一颗大心脏，意志顽强，在压力、挑战之下激发出自己的潜能。

又说起盆栽。其实当时和你一起种植，是想和你一起体会，不是每朵花的花期都在同一个季节，而大家"各美其美，美美与共"。人如果只铆着一个目标向前走，那么遇见的坎坷自然是多的。但如果可以更悠闲、更灵活，这条路不通的时候就去换换另一条路，是不是可以少点挫折、将挫折转化为机遇呢？就像普希金的那首诗，我选择了人迹较少的一条。每一条路都是风景。这是我对于你当时困惑的解答。你说，强者是不会遇见挫折的，或者说会避免自己遇上挫折。没错，我们是需要避免挫折，但妈妈认为解决方法不是苛求自己不犯错误，而是将挫折转变为机遇，对自己、对他人都能更宽容些。妈妈相信你也在渐渐理解、渐渐转变。读到你喜欢的那句话"你就记住世界上所有的人，不是个个都有过你那些优越条件"，妈妈十分感动。

妈妈一直对能与你一起成长感到非常幸运。妈妈也有许妈妈认为解决方法不是苛求自己不犯错误，而是将挫折转变为机遇。

多需要学习的,如何接受你一些天马行空的想法,如何接受你已经长大的事实,对于我来说也是一个个的挑战了。但就像你一样,妈妈也会享受其中的过程、品味酸甜苦辣;就像你说的,去创造、去领会勋章的意义。

永远爱你的妈妈

家长回信三

尊重梦想，筑梦成功

> 大声说出自己的梦想是最酷的事儿，父母尊重你的梦想，欣喜于你的付出，但紧绷的弦容易断，适当的放慢脚步，也能走得更长远。

宝贝女儿：

　　信已收到。南京确实没有秋天。听你说北京已凉爽起来，不由得有些羡慕。但好在秋老虎渐渐离去，人们抓紧享受着这段时间的秋日。说回来，没想到你会给我写这样一封长文。想想我却很少提笔给你写信，这封信，妈妈就和你聊聊一些事情在我眼里的模样吧。

你可能不信,从你第一次说起"想上清华北大"开始,我便对你的选择坚信不疑。是的,即便当时你仍上幼儿园,但妈妈就是相信你可以做到。别的叔叔阿姨问你这个问题,可能认为你的回答只是小小肉团子的不知天高地厚,很是可爱、好玩,但妈妈就是要支持你认真地将其作为自己的目标。没有什么"黑历史",没有什么"回想起来脸红"。想要就是想要,要做到就是要做到,大声说出自己的梦想是最酷的事儿。

人们常说"三岁看到老"。虽然大多数情况下是看到长大结果后回头评判的"马后炮",但这句话也有一定的道理。你自小便要强。要做识字数最多的那一个,要做算术最准的那一个,要做能回答出更多的"十万个为什么"的那一个,要做练舞基本功最好的那一个,要做跑步最快的那一个……别的家长、老师都评价你"自觉",自觉对自己高标准、严要求。那么自觉的孩子,无论身处何种环境,都不会懈怠,都会继续向前,妈妈自然相信你可以走得更远。他们也总是羡慕妈妈,说我"不用为孩子操什么心"。现在想想还是不由得欣慰地笑,我确实没在学习方面为你操过什么心,你是个极其令家长省心的孩子。

但说句你不爱听的话,妈妈从来不认为你是有天分的那一个。还记得幼儿园里第一次画画,老师要求画一个送给妈妈的礼物,第一天你带回来的那幅画真的令人哭笑不我们要做能给他人带来便利快乐、为社会创造价值的人，这样一辈子才算没有白活。

> 妈妈知道你很努力，但不是所有的事情努力都有结果。

得——一个长方形。是什么呢？你还记得吗，你说"这是一支口红"，顶尖的抽象派画法。但第二天，在老师的帮助下，你对着实物临摹，练运笔练勾线，那个长方形渐渐有了口红的模样。上了小学、初中，你的画作有时也会被当作优秀作品进行展示，在一些设计比赛中也获得过一些奖，妈妈知道，这些全不仰赖于天资，都是你努力过的结果。现在你能考入北大，妈妈也同样认为，这都是努力和运气的结果。

妈妈说你靠了运气，你不要生气。妈妈知道你很努力，但不是所有的事情努力都有结果。有时，一些事情的完成也是需要依靠运气的。妈妈希望你可以接受这一点，这样才能时常心怀感恩，才能对别人宽容，对人宽容就是对己宽容。这样，你在遇见挫折时就可以不那么怪罪自己。

要强，却没有天分，自然会经常碰壁。遇见挫折对你来说是太稀松平常的事了，我还记得你不止一次地哭着对我说"奥数学不会了""英语口语为什么总是没有别人流利"。妈妈每次都很想告诉你"没有关系，你已经做得很好了"。但妈妈知道这句话对你没有任何安慰作用，因为你想要的，就是那唯一的"第一名"。于是，我只能与你的悲痛共情，再努力地从我们可以改变的方面出发，去寻找解决之法。既然逻辑思维能力不如别人优秀，寻找做题突破口的时候不如别人灵光，那就不要依赖自己的思维，我们要从已有的模式中总结规律去突破。别人一套题可能只做一遍，你却在初期隔段时间再做一遍，争取对每类题型的解题思路做到烂熟于心；既然语言表达能力、敏感度不如别人优秀，你就多听多说以熟练度取胜，每篇课文不读背到张嘴就来不罢休，每天早晨一起床就听英语听力跟读。这些努力，妈妈都看在眼里，记在心里。妈妈很想告诉你，不要、不要那么拼。但开弓就没有回头箭，妈妈也拉不住，只能准备好在下面接着你。难受的时候，妈妈在。这也是妈妈少数能为你做到的事了。

　　你说到，想做一个对社会有用的人。妈妈对于这点十分感动。优秀的标准是多元的，成功更没有统一的标准。我们不一定非要做优秀的人、成功的人，我们要做能给他人带来便利快乐、为社会创造价值的人，这样一辈子才算没有白活。你说妈妈工作的样子给了你很多指引，甚至把妈妈当作目标。用时下流行语来讲，妈妈可真是"老脸一红"了。妈妈在工作时想的、追求的没有你想的那么远那么深，只是最简单的一个道理——换位思考。你是学生，妈妈服务的也是学生。疫情期间有同学回家没带笔记本，却发现资料在笔记本里不能及时取得。如果是女儿你遇见了这种事，自然希望有人可以帮助你解决这个问题。有同学生病了不舒服，我希望我女儿得到怎样的照顾，我就会给他们怎样的照顾。一开始的基础是换位思考，但渐渐地会成为一种习

> 多去尝试不同的领域吧，多去结交不同的人，去发现生命的多种可能。遇事别惊慌，因为人生还长。

惯、一种使命。在各行各业服务我想也都是这样。理想主义点，每个人都能做到换位思考，我为人人、人人为我，我想那就是最美好、最温暖的社会了。或许这是妈妈我的理想吧？

最后一个问题是"长远"的问题。这其实是妈妈最担心你的一点。你就是太自觉、过于自觉、过分对自己要求高了。这样会很累、很辛苦。一直绷着一根弦是危险的。妈妈可能会希望弟弟一帆风顺，但妈妈却希望你遇到些挫折。因为你每一步都太顺利、太幸运，所以抗挫折能力比较低。但人生总有风浪。到那时，你能否顺利跨过高山、越过海洋，妈妈总是担心。仅从书上得来的间接经验并不足够，你需要亲身经历那些苦痛，才更能应对。人们都没有全知视角，因此不知道自己走的这段路究竟是高山还是低谷。但希望你可以将自己抽离，放在全知视角上看待问题，告诉自己遇见低谷也没关系，因为我们仍可以向上走。这样你才能真正体会，失败没什么大不了，爬起来抖抖身上的灰尘仍然不妨碍你继续向前走。人生就像马拉松，前三分之一的路程跑得过快，后续是否还有耐力和爆发力呢？因此不要嫌妈妈唠叨，多去尝试不同的领域，多去结交不同的人，去发现生命的多种可能吧。遇事别惊慌，因为人生还长。

不由得又想起送你去报道的那天晚上。和女儿分别，妈妈哭了，你却很淡定。看来我对你的依赖比你对我的依赖要多。但妈妈知道你早晚要离家的，你要去完成自己的学业、实现自己的理想，在更广阔的世界探索，妈妈也知道你身在远方、心在家乡。尽情地去天空翱翔吧，妈妈永远在你身后，支持你，守护你。你永远是妈妈的骄傲。

永远爱你的妈妈

遇事别惊慌,因为人生还长。

家庭教育的力量
——来自清华北大的38封家书 ②

学习的秘密

闻道清北 编著

中国华侨出版社
北京

图书在版编目（CIP）数据

家庭教育的力量：来自清华北大的38封家书. 2，学习的秘密/闻道清北编著. -- 北京：中国华侨出版社，2022.1
ISBN 978-7-5113-8718-9

Ⅰ.①家… Ⅱ.①闻… Ⅲ.①家庭教育 Ⅳ.①G78

中国版本图书馆 CIP 数据核字（2021）第 249467 号

家庭教育的力量：来自清华北大的38封家书. 2，学习的秘密

编　　著	/ 闻道清北
责任编辑	/ 江　冰　桑梦娟
封面设计	/ 今亮后声
经　　销	/ 新华书店
开　　本	/ 880mm×1230mm　　1/32　　印张 / 12.75　　字数 / 233千字
印　　刷	/ 三河市嘉科万达彩色印刷有限公司
版　　次	/ 2022年1月第1版　2022年3月第2次印刷
书　　号	/ ISBN 978-7-5113-8718-9
定　　价	/ 98.00元（全两册）

中国华侨出版社　　北京市朝阳区西坝河东里77号楼底商5号　　邮编：100028
发行电话：18610159925　　　传　真：（010）64439708
网　　址：www.oveaschin.com　　E-mail: oveaschin@sina.com

如果发现印装质量问题，影响阅读，请与印刷厂联系调换。

编委会

内容策划

龚夕琳　伍廉荣（清华）　刘娴素　杨子悦（清华）
徐丽博（北大）　于思瑶（清华）　纪博琼（北大）

作者团队

清华大学

| 伍廉荣 | 于思瑶 | 李一凡 | 胡予嘉 | 张馨月 |
| 李　妍 | 都心仪 | 邱梓晟 | 杨铠源 | 李　昊 |

北京大学

徐丽博	纪博琼	黄宁婧	孙欣琦	石菲儿
赵冰婵	郭　秦	马开颜	靳雅萱	董子涵
黄秋璇	张小乔	吴　晗	王子铭	方子添
陈伟琪	彭　佳	于　艳	白思雨	付少青
何星原	迪　娜	梁　爽	陈婧琪	周子萱

精彩内容摘录

亲爱的爸妈：

　　我特别想说，谢谢当我遇到挫折，或是在学校的考试中成绩不理想时，你们没有苛责我，从小到大都没有把"别人家的孩子"作为标杆常挂在嘴边，因为你们知道这时的我，更需要的是安慰和陪伴。

　　一颗心，曾跋涉千山，看天高邈远，一场梦，曾循伴万水，不问归途。爸妈，你们的爱，就像一杯茶，把苦涩保留在心中，散发出来的都是清香。

　　亲爱的爸爸、妈妈，你们辛苦了，感谢你们用自己的身躯为我遮风挡雨，撑起一方晴空；感谢你们吞吐着我的委屈，包容着我的过错，做我的坚强后盾；感谢你们无私地为我付出那么多。在以后的日子里，我愿用我的懂事让你们少添白发，用我的行动带给你们欣慰，用我的孝心带给你们快乐。

　　爸爸、妈妈，我爱你们。

孩子：

　　我们有时候会害怕给你太多的压力、有时候又会担心年轻的你不知道身上的责任而浪费了大好青春。我们希望你有快乐的成长时光，也希望你能经历锤炼打磨并收获经验，来抵御未来的艰难险阻。所以我们的告诫总是小心翼翼、左右为难。你可能有时候会迷惑于父母标准的反复无常，这归根到底还是出于我们心中的纠结和两难。

　　浇灌小嫩芽的过去，总是让我们产生眼前的青松仍旧需要我们呵宠的错觉。不知不觉，你已从那个幼嫩的、牙牙学语的小婴儿成长为自立、自强的少年。我们心里既酸楚又欣慰。以后你要独自面对不算简单的生活，我们时时刻刻都在你的身后，只要你愿意，我们时时刻刻都会在尊重你的前提下，为你提供帮助和温暖。

写给读者的一封信

亲爱的朋友：

每一位孩子都有一个飞翔的梦，每一位家长都望子成龙，但在翱翔高空实现梦想的过程中却困难重重：孩子缺乏学习兴趣，孩子没有学习驱动力，孩子学习数学遇到了障碍，孩子学习语文没有天赋，孩子每天很努力很辛苦，为什么成绩却不理想？家长看在眼里急在心里，却不知道该怎样帮助孩子，应该给孩子创造什么样的家庭环境？应该怎样引导孩子的学习兴趣？什么样的家庭教育才能助力孩子成长？

拿到这本书时，你或许正有同样的困惑，又或许有着同样的迷茫，请先记住一点，不要恐慌，一切的经历都会成为闪闪发光的宝藏，正确的家庭教育将是解决这些问题的良方。

作为一名青少年，你可谓是生在红旗下，长在春风里，家长希望你有理想，社会希望你有信仰。的确，你不用经历前辈们的刀光剑影，不用经历父辈的艰苦岁月，但是你有努力学习、报效国家的使命。值得庆幸的是，家庭教育让你在向前奔赴的路上充满温暖，家人的支持与引导让你的学习更有目的和动力。

年轻是你最大的资本，也是你蓬勃向上、不断进取的基石。因此，便有了那句"年轻没有什么不可以"的"豪横"之言。不可否认，你年轻，你有胆量。可是，在如此美好的年纪你应该做些什么？家长又能做些什么？这是我们应共同思考的问题。

成长，没有人能逃避成长，因为成长代表着"经历"，你要经历好的事情，也会面临生活的重重考验。

学习，这是一个让很多学子"反感"的字眼，因为身边的人都在为这两个字奋斗，家长也在为你的学业而烦恼。

很多时候，你是"被迫"长大，比如，你在叛逆期，明知自己的话语会伤了父母的心，但是还会说出"扎心"之语；明知学生时代应该奋力学习，但是还会忍不住贪玩。父母明知孩子顶着巨大的压力，但总会不自觉地流露担忧；明知道说教可能会带来不满，但还是会苦口婆心……或许，只有经历了应该经历的，人才能真正成长。

这套书正是为了帮助那些心中有困惑、有迷茫的读者所作，共两册：《成长的秘密》展现了在学子成长过程中，家长如何引导他们度过迷茫与困境，助力他们的成长。《学习的秘密》是清北学子们在学习时，对家庭教育、家庭赋能的感悟与心得这套书是对家庭教育意义的多方位解析，更是对家庭赋能孩子学习与成长的方法总结。

　　文中的每字每句都出自清华大学、北京大学学子真实的学习、成长经历。他们在考入清华大学、北京大学之前也不过是高考备战大军中的一员，同样面临着人生目标、成长叛逆期、学习技巧误区、成绩瓶颈期的困惑。他们之所以能够脱颖而出、超越同侪，与他们的家长懂得如何进行家庭教育密不可分。这套书是学子们学习秘密、成长秘密的完整展现，希望这套书能够从真正意义上帮助到你。

　　祝你读有所获、读有所悟、读有所用！

闻道清北

2021年11月1日

目录

CONTENTS

来自清华北大学子们的家书

第20封家书 引导阅读,受益终身 // 003

　　阅读是当今必备技能,引导孩子养成良好的阅读习惯也是每个家长的"必修课"。引导孩子要学会布下"温柔的陷阱",也要给孩子自由的空间。

第21封家书 兴趣成为求学生涯中的舒适区 // 011

　　当舒适区已变得不适,如何放手出走,再自信归来?或者,能否让兴趣成为舒适区里的精神支柱?我们一直在寻找这个平衡点。

── 第22封家书　最好的自律教育方法是父母以身作则 // 021

很多家长都想知道怎样才能培养孩子的自律性，让孩子学会对自己负责，但却经常忽略家长如何做好自己。俗话说"最好的教育就是以身作则"，在我的成长过程中，我的父母一直坚持这四个字，用他们的行动带领我学会自律。

── 第23封家书　好父母胜过好老师 // 029

父母是孩子的第一任老师。同样，父母为了孩子能够拥有灿烂的未来，不惜付出一切。在学习的道路上，温暖的家便成了支撑我们朝着梦想前行的坚实后盾。

── 第24封家书　规则教育，让一个小县城的孩子考入北大 // 037

"小朋友嘛，就是小树苗苗，一旦发现长歪的迹象，哼哼，那可要毫不留情地修剪。"您从小就会给我立规矩、抠习惯，也正是这些规矩和习惯，令我受益无穷。

── 第25封家书　专注度是学习效率的关键 // 045

好动的天性能够使孩子充满创造力和想象力，但同时，也会导致孩子缺乏专注力，面对这种情况，父母应该帮助孩子克服天性的影响，使孩子能够集中注意力去学习。

第 26 封家书　搭建家校沟通的桥梁 // 051

　　家校沟通缺失，学生情况难以得到反馈，遇到问题难以对症下药；家校沟通过于频繁，学生压力过大，很难以平静的心态投入学习生活。因此，适当的家校沟通才能对孩子的学习起到积极作用。

第 27 封家书　学习创新的真谛 // 059

　　创新是什么？创新来源于何处？创新是为了什么？这些问题，儿时的我并不能思考明白，观点与家人也有较大分歧。故事开始于《苹果里的五角星》……

第 28 封家书　"补弱"的第一步是勇敢面对 // 069

　　"Where there is a will, there is a way." 存在薄弱科目并不可怕，可怕的是不敢面对它。

第 29 封家书　学习是我们终生的事业 //077

　　树成长的过程是痛苦的，看不见成果的生根阶段尤其是。祝愿每一位求学的学子，都能主动去转动手中的万花筒，以多元的视角、积极的态度去汲取新知，去探寻这个世界。

第 30 封家书　家庭习惯改变学习命运 // 087

　　家庭是整个社会中最小的人员组成单位，也是我们每个人出生后的第一个集体，家庭环境和家庭教育对孩子的影响是潜移默化且深远持久的。

第 31 封家书　做学习的"主人翁" // 095

　　人生是一场漫长的探索之旅。途中会有恩师的指引、家长的陪伴，但总有一段路，需要我们自己走。幸运的是，妈妈在我很小的时候就有意识地为我保留了一块空间，让我自由发挥、自主选择。

第 32 封家书　逆袭不是神话 // 103

　　逆袭不一定是天才的专属，也可能是一个个普通人的奋斗史。但逆袭之路并不容易，需要克服身心双重障碍。而在逆袭过程中，家庭教育起着重要的辅助作用。

第 33 封家书　父母的态度决定孩子的高度 // 111

　　成绩下滑是每个学生都会遇到的问题。在成绩下滑时，父母既不能过于焦虑，也不能不管不顾，正确的做法是理性地帮助孩子分析问题、解决问题。

第34封家书　两个方法，让孩子做到高效学习 // 119

　　高效学习不光是指在学校的状态，在家里是否也能高效学习也极其重要。虽然父母辅导的角度和理念千差万别，但孩子进入高效学习的路径却是共通的。

第35封家书　只要自己不放弃，没有人会放弃你 // 127

　　一颗心，曾跋涉千山，看天高邈远；一场梦，曾徜徉万水，不问归途。家是避风港，让我们随时靠岸。

第36封家书　科学有用的记忆方法 // 137

　　"学过就忘""一记就混"是所有孩子学习路上的拦路虎，但记忆技巧是在后天形成的。通宵背诵的努力很容易付之东流，记忆的路上需要适时停下脚步回头看看……

第37封家书　家长正向反馈，孩子才有勇气坚持到底 // 145

　　三分钟热度也许是很多家长摇头评价自己孩子的话语。但合理的引导方式、过程中的正向反馈能够克服孩子秉性中活泼不专注的部分。

05

第38封家书　培养孩子考入清华的秘诀 // 153

　　我能考上清华大学,一半的功劳都要归功于我的父母。虽然他们没有直接帮助和辅导我的学习,但是他们为我提供了力所能及的一切,并且在几个关键点上对我的帮助尤其大。

来自清华北大学子家长们的回信

家长回信四　逆袭之路充满汗水与泪水 // 163

　　每个人都可能会有一段生命中的黯淡时光,当你遇到学习的挫折或者是人生的低谷,绝地反击、完美逆袭的路上充满汗水和泪水,幸好,有了父母的陪伴,让我们并不孤单。

家长回信五　不断调试,适度教育 // 169

　　总有一些话,让孩子难以启齿;总有一些事,孩子想独自面对。孩子急于摆脱老师和家长,但内心的不成熟却也总是让苦闷的情绪找不到出口,这时候,温暖又保持距离无疑是让孩子最舒服的状态。

家长回信六　关于家庭教育的反思 // 175

　　年少无知、年轻气盛……其实,撕掉孩子们身上的标签往往需要的是父母的正确引导。如何帮助自己的孩子不骄不躁地坚定前行,值得每位家长深入思考。

来自清华北大学子们的家书

"至乐莫如读书,至要莫如教子",家庭教育的主体是孩子,孩子的健康成长更需要家庭教育做支撑。因此,每一位家长都应该了解孩子的所思、所想、所困、所喜。

想必很多家长都希望了解清华、北大学子的家庭教育,到底什么样的家庭教育才能培养出清华北大学子。我们不妨静下心来,读一读这饱含感情与能量的清华、北大学子家书,了解在清北学子的心中,家庭教育要如何做更有效,如何做才能助力他们成长。

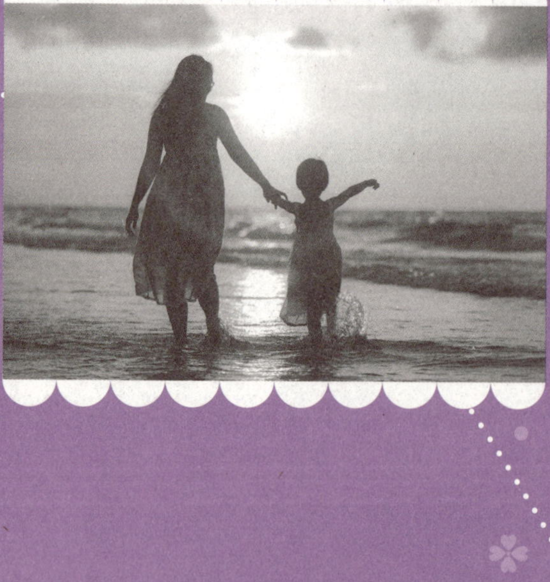

第 20 封家书

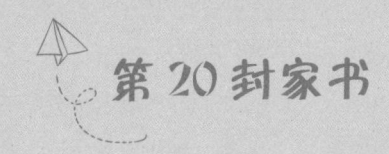

引导阅读，受益终身

何星原　高考总分：668
毕业于河北省衡水第一中学
就读于北京大学经济学院

阅读是当今必备技能，引导孩子养成良好的阅读习惯也是每个家长的"必修课"。引导孩子要学会布下"温柔的陷阱"，也要给孩子自由的空间。

亲爱的爸妈：

你们好！最近可有好书一同分享？

今天我坐在燕园里，一书、一笔、一人、一桌便是一片心灵净土，便可体验阅读的乐趣。离家求学，和你们常常聚少离多。离乡在外的日子，我也会时不时地感到孤独与伤感。多亏你们为我引荐的"良师益友"常于桌边、枕侧，这些书卷中引人入胜的故事、生动形象的人物教会我很多人生的哲理，助我不断成长。每每拿起书卷，你们教我读书的场景历历在目。就让我在这封信中与你们一同回忆属于我们的美好！

阅读路上的领路人

俗话说"师父领进门，修行在个人"，在看书这件事情上，你们就是我阅读路上的领路人。非常感激你们一早就把"良友"请回家中与我相伴。小学的我总感觉时间过得极其漫长，缺少兄弟姐妹相伴又显得格外孤独。我整日沉浸在自己的小世界里，懵懵懂懂地观察着周边人的生活，写着如同流水账一样的小作文。我非常感谢爸爸，您给我做出了好的榜样。在我逐步摆脱幼稚的小学阶段，爸爸您在我心中的形象就是一只"大书虫"。那时候的您空闲时间总喜欢手里握着一本书，躺在摇椅上乘凉，偶尔困意来袭，随性任由书本挡在自己脸上，沉沉入睡。您还记得吗，我曾经歪着小脑袋问您，书里面有什么让您如此入迷。

您一脸神秘地跟我说:"书里才有这世上所有的秘密,要自己亲自看才能了解。不是我不想分享,是你自己不看书呀。"

我当时也心生委屈,抱怨自己有很多字不认识,您却说我可以先看字词简单的,或者是遇到不认识的字词,可以查字典。

您的风格向来是雷厉风行,第二天我们就一起去了书店。那时候的我连书籍的名字都认不全,一脸困惑地望着满屋子的书发愁。但您给予了我足够的耐心,放任我自由挑选书籍。遇到不认识的字和词语,您随时站在那里为我答疑解惑。您还偶尔自己翻开书籍为我介绍故事梗概和精彩片段。

我清晰地记得,那天我选了两本书,一本是有绘画拼音的简易版《西游记》,另外一本是字词难懂但我却觉得有些意思的《汤姆叔叔的小屋》。回家的路上,您还特意向我强调,自由选书是对我最近表现的奖励!从此以后我最值得期待的奖励就是去书店里自由畅读,自由选购。

如今回想起来,总觉得从自己选书开始,我就变成了有思想的小孩,思考问题的深度增加了。再后来您知道的,我慢慢成了班里识字最多的小孩,就连作文水平也在潜移默化地提高。等我再长大一点儿,您就开始向我炫耀自己的藏书。您经常兴致勃勃、满脸笑意地告诉我,您集齐了某个作家的名篇,许诺我只要表现好就可以一睹藏书风采。后来我也暗暗和您较劲,努力地积攒属于自己的藏书。

爸爸您是我读书路上的领路人,默默地培养我阅读的好习惯,助我提高思想的深度。这让我明白,"书中自有千钟粟"的内涵,读书也让我拥有了认知世界的能力。

上了初中之后,学习压力陡然上升。我进入了沉浸式学习状态,心中只想着作业和考试,似乎把阅读遗忘在偏远的角落里。青春期的我似乎进入了反叛高峰期,总喜欢和大人唱反调来衬托自己所谓的过人之处。即便老师再三叮咛初中语文也有必读书目。我却仍然把这些必读书目视为"洪水猛兽",唯恐避之不及。如今回想起来,真的很感谢你们的耐心与智慧,我才没有错过这些人类文化的瑰宝。你们是父母、是老师、亦是难得的书友。即使我一直逃避必读书目,你们也没有因此与我争吵。还记得妈妈您总是会抛出有意思的问题或是片段,引导我自己去书中寻找答案。我如今还记得您引导我读《鲁滨孙漂流记》的场景。

"女儿,你知道星期五这个人吗?"

"星期五?还有人叫星期五呀!"

"当然啦。这是《鲁滨孙漂流记》里面的人物。说起来鲁滨孙也是很厉害,用现在的话说,这本书讲的就是现实版的荒野求生记。不过我也是好多年前看的原著了,好多具体的细节已经不记得了。要不你看看每天给我讲讲呗!"

当你真正地沉浸在一本书中,哪怕只有片刻,你也会得到放松和内心的宁静。

当时我虽然略有不愿意,但是架不住妈妈您的"温柔攻势",您一会儿抱怨看书"眼睛酸痛",一会儿又抱怨"脖子僵硬"。我就这样掉进了您设置的"温柔陷阱",每天给您讲鲁滨孙的故事。妈妈您的"糖衣炮弹"总是取之不尽用之不竭。每次讲故事您都要夸我"讲得生动形象",偶尔还要加上几句"身临其境""思考得真有深度"云云。我也在给您讲故事的过程中,成就感爆棚,自信心大增。当时觉得枯燥无味的必读书目也被收录在了我的藏书之中。再后来我还成了班里的阅读之星,经常在课上给同学讲书中的精彩内容。

让游戏与"闲书"发挥作用

还记得刚上高中时,有一款游戏风靡全校,我也悄悄地迷恋起来。放假时经常在卧室偷偷玩游戏,第一次被你们发现的时候,我惊慌失措,瞬间把手机藏进了被子里。感谢你们没有直接戳穿我的小伎俩,反而偷偷去"做功课",了解我的新爱好。我本以为你们会立刻斥责我的行为并且强硬地没收手机,但生活却一直按部就班,风平浪静。直到有一次在吃饭的时候,你们竟然主动问我游戏技能与背景。与此同时,你们表态不会过多干预我。这是你们作为父母最大的让步,但是我也要做出一点点的让步。你们要求我去查阅游戏中涉及的中国历史人物,了解这些历史人物的相关事件,并且要讲述给你们听。

之后，每当我和同学们一起打游戏的时候，内心总会不由得想起你们——你们的教育帮助让我感受到你们对我的信任，也让我明白，做任何事情都要懂得从中学到点什么，悟出点什么。也正因为如此，我不会沉迷游戏，反而是将游戏作为一种载体，了解了更多的历史人物与事件。

> 我不会沉迷游戏，反而是将游戏作为一种载体，了解了更多的历史人物与事件。

高中既有为前途而奋斗的热血澎湃与激情洋溢，也少不了奋斗之路上常有的彷徨与疲惫。高三巨大的压力使我痛苦不已，经常打电话与你们哭诉复习的艰辛和对未来的迷茫。那时候你们安慰的话语就如同定海神针，让迷茫的我逐渐从迷雾中醒来，逐渐柳暗花明又一村。

你们每次来学校看我都会带一些文摘选集。无论是在电话里还是短暂的相聚时刻，你们总是不忘提醒我"开卷有益"。"当你真正地沉浸在一本书中，哪怕只有片刻，你也会得到放松和内心的宁静。不要把阅读作为一种负担，而是要把它作为一种奖励和享受。"爸爸您的这句话一直被我牢记心中。来之不易的课间休息、自由自习的最后几分钟，又或者是被数学题折磨的间隙，我都会拿出钟爱的文摘，看一篇小故事，读一段美文，醒醒神，换换脑。

高中的学习压力很大，但即便是与高考无关的"闲书"也获得了你们的尊重。每次我回家之前，你们总是会帮我整理书籍，将散落的书籍分门别类地放好，整理好藏书单便于我快速地寻找想看的书。甚至有时候你们会做上标签和简单的书评。那些手写的小纸条是你们爱的传递，也是知己之间的探讨。作业再多、任务再重，你们也帮我保留了一处"世外桃源"。看到你们的努力，即使是最疲惫的阶段，我也没有放弃阅读的习惯，我无法辜负这份沉甸甸的付出。

  写到此处，我心中对你们的感激之情愈发强烈，对你们的思念之情也更甚。是你们在我懵懂期便树立"好读书，读好书"的榜样；是你们给我足够的选书自由，助我将"良师益友"带回家；是你们尊重我的意见，不断抛出问题以激发我的阅读兴趣；更是你们帮我做书籍分类的琐碎工作，便于我在只争朝夕的学习之余有喘息之机……你们给我最宝贵的礼物之一就是良好的读书习惯。阅读也让我每次在面对人生的焦虑与困惑时能够迎难而上！即使已经进入理想的大学学习，我也不忘你们经常强调的"开卷有益"。感谢你们，感谢我的引路人！

  祝爸妈
身体健康，一切顺利。

你们的孩子：星原

第 21 封家书

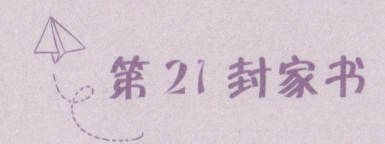

兴趣成为求学生涯中的舒适区

胡予嘉 高考总分：697
毕业于四川省成都市七中（林荫校区）
就读于清华大学社科学院

当舒适区已变得不适，如何放手出走，再自信归来？或者，能否让兴趣成为舒适区里的精神支柱？我们一直在寻找这个平衡点。

亲爱的爸妈：

你们好。想不到几乎与你们无话不谈的我，有一天竟然也会给你们写信。

写着信，感觉有什么正透过我、透过信纸，向你们、向更遥远的空间絮叨。这个声音告诉我，我该如何先向你们道谢，然后怎么提起笔来，在可能的哭、笑、哭笑不得之前郑重其事，让生活有点仪式感。

那么，谢谢爸爸，谢谢妈妈，感谢可爱的你们。我们可以尽情讨论同一本书，看同一部电影。我喜欢听你们聊家长里短，你们喜欢听我聊我的偶像。

感谢可爱的你们，一路上尊重我的兴趣，引导我的成长。

多样的兴趣爱好

据饭后闲谈，四岁的时候，我自己选中了钢琴。练了几年，偶然听到别的小朋友要去考级，我主动要求也要去考级，小学二年级过了六级，四年级过了十级。另一次饭后闲谈，三年级时，我主动去上了奥数班，在所谓的"牛娃班"里摸爬滚打。

我记得寒暑假一遍遍重复哈农、巴赫、车尔尼，对着节拍器打磨每个音节。那时候，我每天还有大把的时间去玩耍。"练习不都该这样吗？"从小到大，很多次我这样想，也许是因为我的老师高标准严要求，也许是因为小孩子鼓鼓囊囊的自尊，也许是因为爸妈——你们每天下班后回家，要听我弹上一会儿，虽然你们只能模糊地听出好或是不好。

五年级时，被篮球意外砸伤，过了一个星期去医院，发现左手小指骨折，就荒废了一年。你们偶尔会叹气，说为什么没有及时发现，如果那样，那个关节至少不会变形。那一年有年级才艺展示，还要上奥数班，我手上缠着纱布，看着同学们的笑脸，意外地感到平静。后来我试探性地摸摸琴，肌肉无力、关节黏滞，索性把小升初当借口，搁置不弹。六年级的某一天，我在面试的自我介绍中提到钢琴业余十级——我很可能不会再现的高峰，幸好，没有即兴表演。同时，在小学奥数的帮助下，初中择校成功。

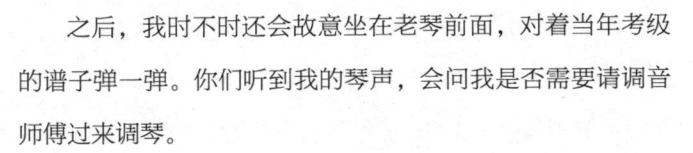

> 这样多的"主动"，或许，始于你们最初不经意地一推，也因为你们的陪伴。

之后，我时不时还会故意坐在老琴前面，对着当年考级的谱子弹一弹。你们听到我的琴声，会问我是否需要请调音师傅过来调琴。

至于奥数，高三时刷着排列组合的题，回家跟你们抱怨，说还不如小学生。当年奥数班上的同学，五大竞赛保送者大有人在，强基入围者比比皆是，而我只是一名普通高考生。

亲爱的爸妈，这样多的"主动"，或许，始于你们最初不经意地一推，也因为你们的陪伴。这些兴趣和我的学业纠缠联结，有些被量化转为成绩、简历上的亮点，而更多的，沉淀为带着痛苦和快乐的生活点滴，在生命的白纸上肆意地生长，让人不忍心抹去。

逃避与焦虑解决不了问题

上网课期间,爸妈,你们都知道我爱看书,那时每天早上八点上课,我总能提前半个小时坐在书桌前,在书架上抽出一本书来。我喜欢这样的早读课。

回到学校,入学考试、期中考,我的成绩依然保持理想。于是,在其他同学全力弥补网课学习中的漏洞时,我止步于完成每天的作业,每周把一两个晚自习用于看书。甚至在刚进入高三的第一次摸底考试时,下滑的排名都没能影响我这份阅读的热情。直到高三上学期,第一次诊断考试,大跌眼镜的成绩将我砸醒。

这次考试前的一个月,机缘巧合,我重新认识了两位一千多年前的诗人——刘禹锡与柳宗元。我欣赏他们政治革新的锐气,赞叹他们流光自照的才华,崇敬他们芒寒色正的人格,感慨他们患难与共的友谊。趁着双十一,我怀着满心的期待,等待两套全集从中华书局寄出。出成绩的时候,我的书包里还放着《刘禹锡全集编年校注》第一册,书签夹在《聚蚊谣》。

那天下午,我埋头趴在桌上,机械地听写着笔记,眼泪止不住地从眼角滴落;晚自习开着考试动员大会,听着扩音器里强势的声音,我拆下刚没墨的笔芯,一次次划过无辜的草稿本,将厚厚的纸叠狠狠戳穿;同班同学大部分还在复习,我却在焦虑压抑的情绪中浪费了一个晚上的时间。这次

放弃美好的事物，是因为有更加美好
的事物在前方。

考试之后，便是假期，我深知我的2020年收尾很落魄，在灰暗中开启2021年。返校后大约一周，我不敢提也不敢听和这次考试相关的任何信息。我在逃避，在无谓地与自己的失败对抗。

回到家，我又一次忍不住向你们哭诉，瘫坐在沙发上，提起保温杯灌了几口水。

那一次，是妈妈您皱着眉安慰，让我不要放大自己的焦虑情绪，焦虑也没有用，又耗体力又耗精力。您教导我，关键是要解决问题。有问题就去问老师，想清楚自己的问题究竟在哪里，分析解决方案，想好了就按照计划去做，教辅该买就买，题该刷就刷，笔记错题需要整理就不要图省事。您的一番话点醒了我：这又不是智力问题，前几次的成绩还在那里。如果是前期不愿意用笨办法，题做少了，现在就用笨办法去夯实。有的时候，就是需要这些笨办法，才能从量变到质变。根据您的指导，我不再把那些书带到学校里去看，而是一门心思写作业、学课程内容。那段灰暗的日子，是你们的关心指导，才让我顺利度过。

我还记得那次爸爸见我肿起来的上眼睑时说的话："大气点，有什么哭的，今天睡下。明天去你们校门口的书店买题，买装备打怪升级。"

感谢你们一直向我强调，结果已定，事情该翻篇就翻篇。

敢做伐竹取道人

我在这次总结中写道,比起一味地消沉,我更敬佩那些"伐竹取道"的人。想到柳子厚在永州"伐竹取道,下见小潭,水尤清冽"。放弃美好的事物,是因为有更加美好的事物在前方。我想到刘梦得晚年写的"天地肃清堪四望,为君扶病上高台",他用强有力的生命与衰亡对视,保持着遥望的姿态。当初吸引我的生命的高光,也可以用来照亮自己的前路。

后期复习逐渐紧张,连续刷题导致右手的手指开始颤抖。这时候,我常常仰起头来活动颈椎,用下巴对着空气写几个字,把手搭在桌沿拉伸肩膀,闭着眼睛默念脑子里浮现的句子,第一梯队是物理公式、化学方程式、生物概念,第二梯队是英语单词短语,第三梯队是立体几何,第四梯队最长,是那些我曾端坐着背诵的有趣的句子,主要是我每天晚上见缝插针读到的闲书,有时候禁不住和爸爸讨论某次变法,和妈妈分享那些惊艳的文段。你们总说:"你才几岁,社会阅历才这么点,当然要多看点多学点。"

抱着顺手练练字的想法,我在换过的不知第几个草稿本上,开始默写些无关应试的句子。"谈笑为故事,推移成昔年",我在碎片的时间里,写过很多遍这句话。时间就这么过去了,不去做有意义的事情,何异于谋杀自己呢?既然我的经历太平凡太正常，那就仰望人类的群星，踩实学习的土壤。仰望星空时，除了感到自己的渺小，还能感受到探索的力量。

高考前，英语老师讲解一道完形填空，提出有意思的逻辑：一个人的压力，都是自己给自己的。因为环境在那里，选择奋斗、调整并且落实的，只能是他自己。他人可以提供很多建议，但最终实际操作的人，还是自己。

是的，人们常说的走出舒适区，潜台词其实是，原来的舒适区，已经不再舒适。我在做的是从一个舒适区走向另一个舒适区。曾经视刷题如洪水猛兽的我，为了更好地走向未来的平台，在那段时间里艰难地调整着自己的状态，试图也成功地高考裸分上岸，来到清华大学里，学着我最喜欢的专业。

高中三年，周末时我们全家一起看一个访谈节目。严肃的话题，层层深入的交流，社会不同领域的人，和他们传递出的相似的社会责任感，无不令我动容，你们和我都很喜欢。优秀的人与优秀的人发生联系、碰撞出火花，这与我理想的未来何其相似。我想走的路上，亮起了一盏盏的灯，他们只是照临，而我，靠自己前进。爱本身不能发电，但因为爱而做出的行动可以。我亲爱的爸妈，你们的爱，言传身教，当然是我最贴心的发电站，谢谢你们。

如果以后我们都有空闲，我还想继续给你们写信，我们

> 我在做的是从一个舒适区走向另一个舒适区。

仰望星空时,除了感到自己的渺小,还能感受到探索的力量。

学习的秘密

互相絮叨。你们第一次做父母，我第一次做你们的孩子，我想，我们给彼此都可以无比自信地打出满分。我还要给你们附加分，附加感谢。

  此致

敬礼！

你们的孩子：予嘉

第 22 封家书

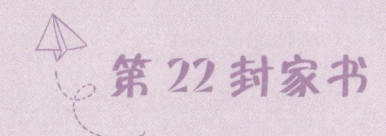

最好的自律教育方法是父母以身作则

孙欣琦　高考总分：**651**
毕业于河南省信阳市信阳高中
就读于北京大学中国语言文学系

很多家长都想知道怎样才能培养孩子的自律性，让孩子学会对自己负责，但却经常忽略家长如何做好自己。俗话说"最好的教育就是以身作则"，在我的成长过程中，我的父母一直坚持这四个字，用他们的行动带领我学会自律。

亲爱的爸妈：

你们好！

自从上了大学，离家千里之外，每次和你们聊天都是通过电话或视频，可能你们没有想到，我竟然会给你们写信。原因无他，是有很多感慨和感动很难面对面说出来，所以想通过这样的形式和你们说一说心里话。

现在的我，在图书馆写下这封感恩、感慨的信。从小学到大学，这十数年的经历，以及我现在所能取得的成就，无疑都是来自你们的支持、鼓励、教育和帮助。其中我最感谢的就是你们从小对我的自律教育，使我在很小的时候就明白了要对自己负责，即便是在大学了，自律的意识也不断支持我的成长和发展，陪伴我走过很多学习和生活上的困难，使我在面对诸多诱惑的时候，能够坚持本心，知道自己应该选择什么样的道路。

明确目标，自我约束

进入大学，我发现很多同学开始丧失了自我管理的能力——他们会一觉睡到日上三竿，会宅在宿舍里打一整天的游戏，会在期末考试之前临时抱佛脚、一天学完一门课……每每看到身边这些，我就会想到你们。

爸爸妈妈，从小你们总是告诉我，不管做什么事情都要有一个具体的目标，并且约束自己的行为，朝着这个目标不断努力前进。

记得你们经常对我说:"寒暑假是弯道超车的好机会。"然而,说起来容易做起来难,谁又不想在寒暑假悄悄努力,然后惊艳所有人呢?但事实是,大家脱离了校园的环境,神经一下子放松了下来,就会每天在家吃喝玩乐,把学习抛到脑后,连假期作业都是在最后几天赶完的,更别说自己超额学习了。但是,爸爸妈妈,你们总是告诉我要自律——每次到假期,你们都会让我给自己制订一个假期目标,督促我日积月累达成目标。你们告诉我:假期当然可以放松娱乐,但这要建立在完成了学习目标的基础之上。

> 假期当然可以放松娱乐,但这要建立在完成了学习目标的基础之上。

在你们的指引下,我从小就养成了自律的习惯。每个假期,我都过得非常充实。亲手设下的闹钟会准时叫我晨起,让我不要因为睡懒觉而浪费了上午宝贵的学习时间;晚上我到点就会自觉上床休息,保证假期也能有一个规律的生物钟。在我学习的时候,从来不会被轻易打扰,以保证自己专心致志地高效学习。

正是在你们的帮助下,我逐渐树立起了自律的意识。每当想到这些经历,都想对你们说声感谢——正是你们帮助我在时间管理中学会自律,这个习惯让我受益终身。

拒绝虚假,对己负责

除了目标规划以外,你们在帮助我树立自律意识的时候,还教会我要摒弃杂念、专心致志地做事情。

还记得刚刚上小学,那个时候还不知道学习的重要性,我和其他小朋友一样也是天天想着放学回家看电视、玩耍。但是你们总在向我强调,回到家第一件事是要完成作业,只有完成了作业才能出去玩耍。

为了能尽快出去玩,我写作业总是分心走神,很难集中注意力。这个时候妈妈就会陪我一起写作业,在我分心的时候耐心提醒我。爸爸还专门手写了一本日历,记录我每天写作业的时间,如果完成得又好又快,就会在日历本上给我贴一朵小红花,三朵小红花就可以换一个奖励。我那个时候,每天就想着怎么又好又快地完成作业,拿到小红花。

后来,你们把贴小红花的重任交给了我自己,告诉我:"如果今天的作业完成得好,自己觉得符合优秀的标准了,就给自己贴一朵小红花。如果还不够好,就不能贴小红花。"当时的我并没有那么强的自觉性,掌握了贴小红花的"大权"之后,每天都会主动给自己贴,然后拿小红花换奖励。

刚开始,你们会很满意地表扬我;后来,你们大概是发现了我每天都有小红花,想要突击检查一下。某一天的晚上,爸爸来到我的房间。您一眼就看到日历本上当天已经贴好的小红花,问我:"你的作业写完了吗?"我支支吾吾地回答:"还……还没有。"您又问我:"那怎么就给自己贴小红花了?"我羞愧得说不出话来。

家规不应当只是一纸文字,而应当铭刻在我的心里。

那一次，爸爸您严厉地批评了我，您告诉我，学习不是学给别人看的，也不能只是做做样子，而要真正对自己负责。那以后，您还是让我自己给自己贴小红花，我也越来越自律——知道什么时候该贴、什么时候不该贴，对自己的要求也越来越严格了。当时的我只是觉得好玩，现在想想，都是爸爸妈妈你们的良苦用心啊，你们的言传身教，都是为了让我能够对自己负责，时刻提醒自己，做自己应该做的。

自律的重要性我铭记至今，即便现在校园中没有小红花，但是我心里的小红花永远都在。

没有规矩，不成方圆

爸爸，"没有规矩，不成方圆"这不仅仅是教科书上的一句话，也是我印象中最深刻的您和我说过的一句话。自律也需要在自己心里时刻记着规矩，用规矩来约束自己的行为。

二年级的时候，爸爸妈妈你们工作太忙，有次是表姐来接的我，那天也是在表姐家度过的，那是我从上学以来，第一次没有及时完成作业。第二天，我在学校被老师批评，还连累你们来学校检讨。回家之后，你们并没有对我说教，反而是爸爸，您开始写东西，也就是一份家规。

"没有规矩，不成方圆。现在我们家也有家规了，它和你在学校的校规一样，我们每个人都要遵守这个家规。人都会犯错误的，第一次犯错我们可以原谅你，但是以后再错就家规伺候了哈,所以你要按时完成作业,爸爸妈妈也按时上班、做家务。好吗?"爸爸拿着刚刚写好的家规和我说。

以后,不管我在家做什么事情,都会想一想那次爸爸您写的家规,在心里告诉自己:没有规矩,不成方圆。家规不应当只是一纸文字,而应当铭刻在我的心里。再后来,在面临很多事情的时候,我会在心里给自己定下规矩,用这些规范来约束自己、提醒自己,大概这就是爸爸您教会我的自律吧。

初中毕业之后,我成功考入了省重点高中,但是学校离家很远,这意味着我需要到学校住宿学习。从来没有住校经历的我,既感到紧张,也感到新鲜。妈妈很担心我能不能在独立的宿舍生活中照顾好自己,也担心我自己一个人能不能坚持自律,好好学习。

在即将开学之前,妈妈一边帮助我打包行李,一边说:"这次你可是要离开家自己生活学习了,除了照顾好自己,学习上也要自己上心。爸爸妈妈不能一直在你身边,你早晚是要独立的,爸爸妈妈相信你,你能做到的。"

是的,我做到了。在之后的学习生活中,每天的时间规划、完成任务后的小红花,还有那些心中的规矩,一直在我的心中,它们都是我成长路上的警钟。每当我遇到学习生活上的困难,想要气馁的时候,我就想到了你们对我的支持鼓励;每当我想要懈怠的时候,这些都支持着我在枯燥、艰难的学习过程中不断成长，最终坚持下来，取得了成功。

即便现在身处大学的校园里，我也一直坚持着你们教给我的，合理规划时间，做自己时间的主人；保持自律，面对各种诱惑坚持自己；承载你们的爱和寄托，我依然在不断成长。

爸爸妈妈，感谢你们在我的成长过程中一直帮助我、支持我、理解我，这份感动、感激和感恩会一直陪伴着我。放心吧，爸爸妈妈，我也会在未来的日子中，一直守护你们所教给我的，勇敢面对困难，坚定前行。

爸爸、妈妈，我爱你们。

祝

身体健康，工作顺利！

你们的孩子：欣琦

第 23 封家书

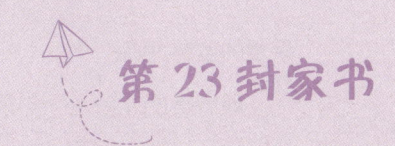

好父母胜过好老师

黄宁婧　高考总分：**660**
毕业于江西省宜春市上高二中
就读于北京大学外国语学院

父母是孩子的第一任老师。同样，父母为了孩子能够拥有灿烂的未来，不惜付出一切。在学习的道路上，温暖的家便成了支撑我们朝着梦想前行的坚实后盾。

亲爱的爸爸妈妈：

展信佳！

提笔写这封信的我，此刻思绪万千。回想起高中和你们在一起的时光，我有许多话想说。如果说学习上给我帮助的是老师、是同学，那生活上无条件支持我、给我温暖的定是你们了。没有你们的悉心照料和无尽关怀，我绝不可能在高考中取得优异的成绩，迈进北大的校门。这些年，你们为了让我可以全身心、没有后顾之忧地投入学习，做出了多么大的牺牲，我都看在眼里，记在心里。写这封信，也是想向你们道一声感谢，感谢你们这么多年来为我的所有付出，记录备考过程中我们之间的点点滴滴。

> 有你们做我的坚强后盾，我唯一要做的就是过好高考这个"独木桥"。

母亲的付出让时光有了温度

妈妈您经常说，因为我，自己从一个厨艺平平的厨房小白变成了一个会烹饪许多美食的大厨。为什么会有这样的变化呢？说起来，我觉得是您"心疼"我。妈妈，您心疼处在高三的我，心疼那个每天都在为"过独木桥"做准备的我。您既不想我因为吃饭奔波食堂，又担心食堂饭菜是否营养可口，所以您亲力亲为，为我准备一日"N"餐：每天绞尽脑汁地想要做什么菜、怎样搭配，在营养方面、味道方面还可以有什么改进。正因为妈妈的用心，我的便当永远都是色、香、味俱全，并且营养均衡。但我明白，这样的享受是妈妈用辛勤的汗水换来的。

为了我早晨按时出门能带上午餐和晚餐,您前一晚就会把食材准备好,第二天清晨6点不到就起床开始忙碌。周末,您依旧闲不下来,将做好的饭菜赶在我中午下课放学前送到教室门口,陪我吃完饭再带着饭盒离开。

我不忍心看您这么辛苦,曾经劝您不要再送饭了。您却跟我说,送饭只是自己的小借口,您只是想多有一些跟我单独相处的时间罢了。但我知道,您这么做是希望能够帮我节省出更多时间来学习,却又不想因此给我带来压力。您希望做我坚强的后盾,又不希望我心中有负担,这就是母爱的伟大。

除了正餐以外,你们还会给我准备很多零食。我每天出发去学校前,您会将一盒削好的水果悄悄放进我的书包里,这样我可以利用课间十分钟的时间补充一下维生素。除此之外,您还会给我塞一包坚果补充能量。这样做就是想保证我在高强度的学习下,体力、精力都一直在线,不会"掉链子"。

妈妈,您在饮食方面的无微不至,让我有充分的精力去应对高强度的学习。对于您的良苦用心,我十分感动。我也知道,有你们做我的坚强后盾,我唯一要做的就是过好高考这个"独木桥"。战胜千军万马,吹响属于我胜利的号角。所以在学习上,我更加努力、更加专注。

除了饮食，在交通出行方面您也特别上心。从上初中开始，因为学校和家的距离比较远，所以我开始骑自行车上下学。每天晚上我骑车回家，您都会在离家最近的那个十字路口等我。晚上，我骑到您跟前下车，再推着车和您一起走回家，这是我每天最快乐的时光。

从初中到高二一直都是这样。高三开始，您为了让我上下学轻松一些，开始骑电动车或者开车接送我。虽然说您这么做的直接目的是为了节省我的时间，让我上下学更轻松一些，但我觉得这也制造了独属于我和您之间的回忆。毕竟，高三是大多数孩子接下来几十年、长期待在父母身边的最后一个人生阶段。

现在我深有体会，戴上耳机，听着《一辈一素》这首歌："日出又日落，深处再深处，一张小方桌，有一辈一素。一个身影从容地忙忙碌碌，一双手让这时光有了温度……"我怀念高中的那段时光，也十分想念您做的饭菜的味道，是您的付出让我感受到那段艰辛的时光有了温度。

父亲的要求让我受用终生

我永远忘不了爸爸您说的那句培根的名言："习惯是一种顽强而巨大的力量，它可以主宰人生。"最初，我不明白这句话的内涵，直到我清楚了您的要求，才感受到习惯的力量是多么巨大。

我的人生需要更加精彩的剧情，而学习是现阶段最为酷炫的事情。

> 我一直觉得，父母和子女之间良好的沟通可以使很多问题迎刃而解。

"不论做什么，一定要专注，学习的时候一定好好学习，玩的时候好好玩，绝对不能一心二用。"正因为您对我的要求，让我在学习的时候，能够不被外界干扰。也正是您的这句话，让我不再迷恋看似精彩的电视剧、看似酷炫的游戏，因为我知道我的人生需要更加精彩的剧情，而学习是现阶段最为酷炫的事情。

当然，您很清楚，好习惯的养成并不是一朝一夕的事情，而为了帮助我养成良好的学习习惯，您也会以身作则。有时候您可能会临时有一些工作，需要带到家里完成，当您工作的时候，也会找一个安静的地方完成，绝不会看电视或者玩手机，这样也为我做了一个好的示范。所以，我很小的时候就养成了先专心完成手头任务再轻轻松松去玩的好习惯。受您的影响，我做事情不喜欢拖延，更不喜欢磨磨蹭蹭。正是因为这些习惯，使我的学习事半功倍，成绩也一直名列前茅。

您一直说学习不仅仅是课堂上的知识和课下的作业，而是每一个好习惯的养成，因此，您对我一直有更高的要求。我谨记于心，因为我是好习惯的受益者，我明白养成良好习惯的重要性。

我心甘情愿背上父母的期望

在家庭教育里，我最为骄傲的，就是我拥有非常善于沟通的父母。从小到大，你们一直很喜欢听我聊在学校发生的趣事。我还记得，每次我回家，你们会问我今天在学校有没有发生什么好玩儿的事。每次和你们聊我在学校里的故事，我都觉得无比幸福。更进一步地，这很大程度上激发了我的表现欲，也一定程度上提高了我的表达能力。

我一直觉得，父母和子女之间良好的沟通可以使很多问题迎刃而解，比如考试心态、比如学习状态。倾诉可以舒缓高三学生的学习压力，同时，如果孩子在学校遇到校园暴力等问题，及时告诉家长也可以及时解决问题。所以，我很庆幸，在我成长的过程中，你们一直陪伴在我的左右，遇到问题为我出谋划策。我一直生活在一个充满爱意、非常幸福的家庭中。也正因为如此，我心甘情愿去背上你们的期望，我暗下决心一定要取得一个优秀的成绩，从而来证明你们的付出并没有白费。

我很清楚，做任何事情都是需要有一定动力的，学习也不例外。从小到大，你们的爱就是我学习的动力，让我每天能够冲劲满满地去学习。

可以说，你们对我说过的话里，最不缺乏的就是表扬、赞美。每当我考试得了前几名，或者某一科的成绩有了一点小小的进步，你们就会给我极大的鼓励，告诉我，现在的努力是有效果的，一直努力下去一定会实现自己的目标。当然，即使我哪次没有考好，你们也不会批评我，而是会耐心地帮助我找出问题，避免下次考试犯同样的错误。

爸爸妈妈，你们在我考上北大的这条道路上，真的对我产生了很大的积极影响。不管是日常习惯上，还是最后高考的短短两天，你们都是我很大的助力。现在的我，坐在北大校园里，每每回想起那些和你们在一起的日子，都感到满满的幸福和感动。感谢你们为我付出的一切，我也会尽我所能努力学习，成为你们的骄傲！

祝爸爸妈妈

身体健康、工作顺利！

你们的女儿：宁婧

第 24 封家书

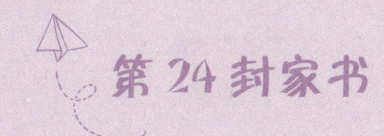

规则教育，让一个小县城的孩子考入北大

徐丽博　高考总分：627
毕业于黑龙江省穆棱市第一中学
就读于北京大学外国语学院

"小朋友嘛，就是小树苗苗，一旦发现长歪的迹象，哼哼，那可要毫不留情地修剪。"您从小就会给我立规矩、扳习惯，也正是这些规矩和习惯，令我受益无穷。

亲爱的老爸：

您好！

您知道，刚上大学的时候，我做了一段时间的家教。我发现，很多孩子有一个通病：他们认为写作业是给父母写的，考试也是给父母考的，学习也是给父母学的。无论是作业、考试还是学习，本是能够帮助自己未来人生走得更加顺畅的途径，但他们全然没有将其作为自己分内事情的意识。我小时候也有过这种心态，您是怎么解决的呢？

责任感与执行力

当时我非常讨厌写数学作业，不过老妈惯着、哄着：写完一道题，给一颗草莓，再写一道，喂块西瓜，结果某一天被您老人家发现了。"慈母多败儿，惯子如杀子。"您大手一挥，把我从客厅轰进书房，水果、零食全部撤走，让我独立完成作业。我当然不依，大哭大闹，当晚也很有骨气的所有作业一字没动，我以为老爸您会妥协，会过来哄我，可是您理都没理。第二天带着空作业本上学，我被老师狠狠地骂了一顿。以后作业的事情，我再也没有让你俩操心过。

现在想来，树立起对于任务的责任感是非常重要的。很多事情都是自己分内的事情，那些让我学习的"利诱"是最真诚的宠爱，也是我最应该摆脱的宠爱。之后我们聊到过这件事情,您很严厉地告诉我,要认识到任务是自己的,要为自己的行为负责,做一个有责任感的人。学会自己按时完成作业的那一天,就应该算作我为自己人生负责的第一步。感谢爸爸帮我迈出了这一步!

> 学会自己按时完成作业的那一天,就应该算作我为自己人生负责的第一步。

"父母和老师的话第一时间就要去做。"这是您训练我拥有执行力时说的话。咱家算是一个严父慈母家庭。小时候,老妈爱惯着我,令我感受到爱意和温暖的同时,不可避免地让我滋生了一些骄纵任性的习惯。一旦发现我有这样的苗头,老爸您总会黑着脸,严厉地教训我一顿,把我从走向熊孩子的道路上拉回来。我记得这个规矩是八岁时立下的。

老妈因为工作的原因常年奔波在外,在家基本都是老爸您带我,因为您一向严厉,所以我就像是被如来手掌压住的孙猴子一般,丝毫不敢淘气作妖。过了三个月,妈妈好不容易争取到了回家的机会,在家休息半个月。这半个月就是我的幸福时光。想吃什么、想玩什么,妈妈尽娇宠之能事,都会满足我,更不会要求我去做什么。就在我的小骨头被宠散架之时,却迎来您的一顿胖揍,不知道老爹还记不记得?

老妈离开家上班后的某一天,您支使我下楼去倒垃圾,我含混地答应了,但一会儿就忘在了脑后。到了晚上,您发现垃圾桶还没清理再次提醒我,我只好把垃圾袋系上放到家门口。结果那些垃圾就静静地在门口待了一天,走廊里弥漫着垃圾发酵的酸爽味道,之后结果可想而知。"爸爸、妈妈、老师吩咐的事情,第一时间就要去做,知道吗?"这句话深深地烙印在我的心里。后来我也摸清规律了:在春风和煦的两次提醒下如果不做,接下来的肯定就是一顿狂风骤雨。既然等到最后也要做,而且压力还更大,不如立刻行动。之后,长辈布置的任务我都会当作很重要的事情牢牢地记在心中,尽快完成。同样在学习中,我总是有问题及时处理,这风风火火的性格与说做就做的超强行动力,跟您的"培养"密不可分。

一粒瓜子仁引发我的兴趣

我爱看书的习惯也缘于您。我三四岁的时候特爱吃瓜子仁,自己不会剥,总会找你俩要。您老人家真是"老奸巨猾",拿出一本带拼音的故事书,让我自己拼读。每读完一个故事,您就把书立起来,然后就会掉落一粒瓜子仁,您拿着瓜子煞有介事地说:"这是知识老人给你读书的奖励。"我信以为真,一边欢天喜地地嚼着"知识老人"给我的瓜子仁,一边费劲地拼读当时对我来说很有难度的故事书。

后来,我发现看书很有意思,没有"知识老人"的瓜子仁,我也能专心致志地坐在凳子上一口气看一两个小时的书。

很多事情都是自己分内的事情，那些让我学习的「利诱」是最真诚的宠爱，也是我最应该摆脱的宠爱。

> 还有一个规矩，我觉得您立得非常明智，就是不给我智能手机。

那时候我才刚上幼儿园，通过读书认识了不少字、了解了好多别的小朋友不知道的知识。上了小学，同学们给我起的外号叫"全知道"。而且您常常会和我一起去书店买书，买之前你都会认真翻阅一遍，一旦觉得适合我、能让我产生兴趣的，就会给我买，绝不吝啬。去书店绝对是您最大方的时候。

被动自律技能，激发！

还有一个规矩，我觉得您立得非常明智，就是不给我智能手机。我到初中都没手机。上了高中，为了方便联系，您给我买了一个老年机，贼沉，被同学们戏称为"砖头"。当时看着同学们三三五五都用上了智能手机，平时发朋友圈、线下联络沟通情感，说不羡慕那是假的。我也曾数次要求换智能手机，但是您就是寸步不让。直到我上大学，才被允许使用智能手机。回头想想，此举再明智不过。我本来就是一个自控能力不强的小孩，一旦有了智能手机，大概率会沉迷进去，而且跟同学的线上沟通也需要很大的时间成本。一个无趣的砖头老年机，不仅将学习这件事本身衬托得愈发有趣，还让我更加纯粹地度过学习知识的高中三年。

书桌前五点钟的太阳

作为一个文科生，背诵是最基本的要求。我能坚持下来，也是因为您的帮助。上初中之后，当时的地理老师要求比较严格，每次上课之前都会抽查上一节课学过内容的背诵情况。我有过没背下来被罚站、回家哭鼻子的惨痛经历。在此之后您就每天督促我五点起床，背一个小时的书，然后六点吃饭上学。有时候我犯懒，您就拉长脸，我只能灰溜溜地起床，盯着五点钟白蒙蒙的朝阳，嘴里反复念叨着课本上的内容，让它们在我脑子里安家落户。渐渐地，我起床不需要您的督促；背诵的内容也不限于地理；原来读十遍的内容，现在看三四遍、梳理一下意思，就能记住大概，不少内容我现在还能回忆起来。初中三年我一直保持这个习惯。虽然到了高中，课业繁忙，比较缺觉，我再也没这么早起过，但是那段时间自己摸索出来的、适合我自己的背诵技巧为我的文科学习打下了坚实基础。

　　老爸，现在回头想想，我发现您总会利用家长的智慧与威严，培养我这样那样的条件反射式的习惯。但当这些习惯打牢之后，您就会放手，只在出现问题的时候，您才会适当出面规范我的方向。这些习惯真的渗透进了我生活的方方面面，不仅限于学习，比如说"早晚要刷牙""说话之前在脑子里转三圈""不要被情绪控制"等等。我真的就是一列火车，顺着您的引导，走上了一条无比正确的道路，那么，获得优秀的成绩便水到渠成、自然而然。我是一个平平无奇的小姑娘，出生时候带着正常水平的智商、记忆力。上幼儿园后调皮捣蛋，专注程度和毅力甚至比同龄的小朋友还差。但是老爸,您生生把这样一个平凡的孩子培养成了县里十几年来第一个考上北大的学生。毫不夸张地说,没有您,女儿考上北大肯定是个"天方夜谭"。在此深深感谢您的培养!

　　此致
敬礼!

您的女儿:丽博

第 25 封家书

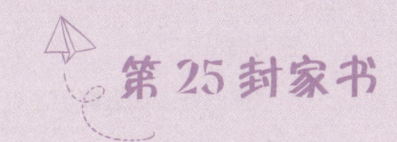

专注度是学习效率的关键

吴 晗 高考总分：651
毕业于天津市大港一中
就读于北京大学新闻与传播学院

好动的天性能够使孩子充满创造力和想象力，但同时，也会导致孩子缺乏专注力，面对这种情况，父母应该帮助孩子克服天性的影响，使孩子能够集中注意力去学习。

爸爸妈妈:

你们好。最近降温了,你们有没有及时添衣?儿子虽然不在你们身边,但是心里时时刻刻牵挂着你们,希望你们能够健康平安。

我这边学业也比较繁忙,进入大学生活之后,虽然课业负担比高中轻松了一些,但是我感觉应对起来并没有那么简单。主要的原因是大学生活相对于高中生活,更加的丰富、多元。不仅要面对学习上的任务,我还有许多别的事情想参加,比如说社团活动、实习等。夹杂在繁多的事务中,难免有时会让人觉得应接不暇。但是,多亏你们让我学会了专注做事情,我才能够从容不迫地把这些事情高效而保质保量地完成。

父母提升专注力的妙招

小学时,我总是会被周围的东西所吸引,思维开始天马行空。我还记得,那时候你们最头疼的就是我写作业的事情了。每次写作业的时候,我总是不能静下心来,一点也不专注。你们多次问我,为什么总是坐不住,为什么不能一件事情做完再开始下一件,我也只能老老实实地回答说:"没有特别原因,就是不知不觉中思绪就飘走了。"

为了帮助我在学习的时候集中注意力,你们煞费苦心。

还记得,你们最先想到的办法就是没收所有可能诱惑我、分散我注意力的东西。比如手机——小学的时候,同学们陆三心二意导致的结果只能是每件事情都做不好。

> 你们最先想到的办法，就是没收走所有可能诱惑我、分散我注意力的东西。

陆续续开始拥有了自己人生中的第一个手机，我也不例外。那时的手机还不是智能机，虽说不能上网，但有不少内置游戏，足够让小学的我沉迷其中了。你们看我学习没法集中注意力，便把我的手机收走锁在柜子里，并且告诉我只有每周周末的时候可以拿出来玩半小时到一小时。这下，平时写作业的时候就没有手机分散我的注意力了。除了没收手机，你们还会把家里的电脑锁起来，把我书架上那些小说、漫画都转移到书房去……现在想想，你们为了让我一门心思集中精力学习，真的下了很大的功夫。

除此之外，你们还陪着我、监督我一起学习。爸爸说："虽然我们很相信你，但是你毕竟还是一个小孩子，自控力不足，难免会出现管不好自己的情况。培养习惯是一个长期的过程。我和你妈妈先来监督你学习，等你慢慢地养成了良好的学习习惯之后，就可以自主学习了。"从那以后，不管你们工作再忙、再累，每天也会抽出几个小时，陪着我一起看书、写作业。当我学习的时候，要么是妈妈坐在我旁边织毛衣，要么是爸爸坐在我身边练字。当我思想又"神游万里"的时候，你们总能及时地从我的表情中发现，并且提醒我赶快把思维集中到自己的学业上去。白天工作已经很辛苦了，有时候在监督我学习时，你们也会打盹儿，或者露出困倦的神情。我觉得很心疼，让你们早点睡觉，你们却笑着拒绝。看到你们如此辛苦，我下定决心一定要专注学习。

就这样，渐渐地，我发现身上产生了一些神奇的变化。看书和写作业的时候，我能够完全沉浸其中了。有时候，甚至忘记了时间的流逝，一抬头，发现几个小时都过去了。上课的时候，我也能够集中精神，跟上老师的节奏了，回答问题的次数也更多了。

> 提高专注度还能提高我的学习效率，帮助我节省时间。

专注学习更高效

专注力提高之后，我发现自己不仅在学习的方面有了进步，在其他的方面也有了显著的变化。比如说，之前你们总让我练习钢琴，但我觉得太枯燥，从来没有坚持过。但后来，我也能够坚持弹钢琴了，日积月累下来，我的钢琴水平有了不小的提升，也算是为现在的我培养了一门很好的兴趣爱好，我还曾在新生开学的晚会上一展身手。

我发现，专注力的好处不仅仅在于学习，它体现在人生的方方面面。我们要成为追求完美的人，就必须要静下心来，集中注意力在一件事情上；三心二意导致的结果只能是每件事情都做不好。而且，提高专注度还能提高我的学习效率，帮助我节省时间。在这里，就要再感谢你们一番了。你们的帮助，让我养成了专注的好习惯，这样的习惯一直陪伴我至今。之前，因为我上课时候总是跑神儿、写作业的时候也不用心，所以很多次都拖到第二天要交作业了，我还是没有完成，必须要"开夜车"；或者是上课讲的知识点我没有弄懂，课后又得花费很长的时间自己去弄清楚。而现在，因为我上课的时候比较专注，这些问题在课堂上就解决了，不需要拖到课后去完成。

每天，我睡得更早了，休息的时间更多了。在感觉到体力更加充沛的同时，我的任务也完成得更快更好。就像是一个良性循环，我感觉自己每天都有了新的进步。渐渐地，我也养成了专注的好习惯，即使不在你们监督的情况下，我也可以安排好自己要做的事情了。你们终于放下心来，看到你们宽慰的笑容，我心里也感到非常开心。

现在，我已经成为一名大学生，并且有幸进入了中国的最高学府。在这里，人才济济，我时常会遇到比我优秀很多的人。但是无论何时，我都对自己充满自信，相信我一定可以做好。正所谓"有志者、事竟成，破釜沉舟，百二秦关终属楚；苦心人、天不负，卧薪尝胆，三千越甲可吞吴"，有了专注的态度，有了执着的精神，无论遇到什么困难，我相信自己都可以攻克。感谢爸爸妈妈，正是因为有你们对我的支持和帮助，我才能改掉自己一心二用的坏习惯，成为现在的自己。

爸爸妈妈，我爱你们！

祝

身体健康、工作顺利！

你们的孩子：吴晗

第 26 封家书

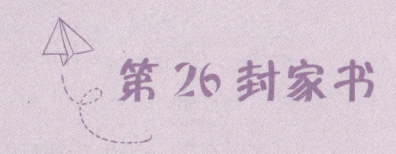

搭建家校沟通的桥梁

李 妍 高考总分：697
毕业于河南省信阳市第二高级中学
就读于清华大学探微书院

家校沟通缺失，学生情况难以得到反馈，遇到问题难以对症下药；家校沟通过于频繁，学生压力过大，很难以平静的心态投入学习生活。因此，适当的家校沟通才能对孩子的学习起到积极作用。

亲爱的爸妈：

你们好！

此刻的我正坐在教室里，窗外的树叶在阳光的缝隙中若隐若现，树影在桌面上跳动着。金黄的阳光让我出了神，回忆如潮水般向我涌来，有太多太多的话想说，我不禁执笔修书给你们。

远离故乡求学，大部分事情需要自己处理。过去，你们经常通过老师了解我的学习情况；现在，你们只能通过不时的电话和朋友圈来了解我的近况。我很感慨，也很感激，你们一直很重视家校沟通，通过智慧的家庭教育帮助我提升成绩、调整心态。你们和老师的沟通曾让我痛苦过、压抑过，但也给了我前进的勇气和力量，带给我无限感动。

鞭策

你们还记得吗？小学时的我，还是非常贪玩的。无论是马上开播的动画片，还是呼朋引友的小伙伴，抑或是新买的玩具，甚至是午后的阳光、庭前的蚂蚁……这些都能顷刻间抓住我的注意力。那时候的我，常常是一下午一晚上都沉浸在这些新奇的事物中，将课业抛到九霄云外。

假期也是同样，我总是在假期的最后一刻发现没写的作业，匆匆忙忙补完，慌忙之中作业的质量也不高。

直到有一个周末，我和小伙伴一起玩，庭前屋后，我们发现了一处属于自己的"秘密基地",春日的暖阳将我们的脸晒得红扑扑的,笑容绽开了花。下午妈妈您来找过我一次,催促我写作业。我一边应着,一边把玩着手里的蒲公英。晚上你们去了姥姥家,嘱咐我在家好好写作业。你们走了以后,我刚拿出作业,就突然想起晚上播出的一部动画片。我打开电视,决定看完再写。

时间飞快地从一集集动画片中溜走,你们推开门时我还在看电视。爸爸问我:"作业写完了吗?"我正看到精彩的部分,目不转睛地盯着电视,头都没抬就回答了一句:"写完了。"等我意识到作业还分毫未动时,已经快十点了。我想拿起作业写,但"写完了"如一句魔咒闯入我的脑海,就这样,在犹豫和挣扎中,睡觉时间到了,我心事重重地上床了。就在躺下的那一刻,我突然释然,作业没写应该也不是什么大事,不也有好多同学没准时交作业的情况吗,大不了明天随便编个理由蒙混过关就万事大吉了。但第二天晚上回家后,我才知道事情远没有我想象的那么简单。

回到家中,你们的盘问让我意识到事情已经败露,脸颊烧得通红。我的心里不是滋味,那一刻我是如此的悔恨。

没有责怪,但是你们的语气前所未有的严肃。你们说昨天晚上上床睡觉时就意识到了我的不对劲,担心我在学校出了什么事,于是向老师询问了我的近况,这才知道我的所有不自然都来源于作业没写完还撒谎。那天晚上,你们和我聊了很多很多。聊了你们小时候犯过的错,后来是怎么改正的;聊了你们想让我成为一个什么样的人;聊了诚实的重要性;聊了课业不容忽视……

> 家校沟通在无形中鞭策着我,让我端正学习态度。

就是从那天晚上,我才真正意识到诚信是立足之基,我才意识到应该培养先完成作业再玩的好习惯。从那以后,我再也不敢对学习有所懈怠,更不敢以欺骗的方式逃避学习。家校沟通在无形中鞭策着我,让我端正学习态度。感谢你们及时的家校沟通,我才能够尽早改正错误,培养良好的品格和学习习惯。

痛苦

紧张而压抑的高三。

我曾非常喜欢晚自习回家打开门的一瞬间。闻到香喷喷的饭菜,看到你们充满爱的笑脸,顷刻间,光明和温暖包围着我,一天的紧张与疲惫在那一刻得到舒缓,我又有了继续前进的勇气和力量。

但不知从什么时候开始,我越来越害怕家门打开的那一瞬间。

高三有段时间,我的成绩特别不稳定。你们很是担心,但又不好在我面前过度表露出来,所以你们频繁地和学校老师沟通,了解我最近的学习情况、考试成绩。每当考得不好时,我就很怕门开的一瞬间。我怕看到你们疲惫的脸,你们

好的家校沟通应该是及时的、有效的，建立在尊重孩子基础上的适当的沟通。

眼中藏不住的担忧；我怕听到你们小心翼翼的话语，话语中仔细藏着失落。开门的一瞬间变成了对我的折磨。于是我回家时开始低着头不说话，直接走进房间，我不想把在学校里巨大的压力带到家里，但我又不得不面对家里故作轻松的气氛。我不想让你们失望。

你们察觉到了我的不对劲。那天妈妈问我"为什么最近回家都看不到你的笑容"，我突然间很委屈也很自责，委屈我的痛苦和压力，难过我没能一直做你们的骄傲，一直做到最好。眼泪不受控制地流了下来，妈妈有点愣住，不断问我怎么了。我不知道该怎么表达，只能断断续续说出自己的抱怨。您说你们只是担心我，没想到你们的关心却给我带来了困扰，您说你们以后不会这么频繁联系老师了。说完以后，我看到您的眼神愣愣的，我有些后悔自己说出这些生硬的话语，我知道这对你们是一种伤害，但我不知道该如何弥补，我只是继续写着作业，心里很乱。

从那以后，每天我打开门，迎上来的都是同样温暖的笑容，无论我考试成绩如何。我逐渐释然，也开始主动告诉你们我的学习状况。鼓励、提醒、骄傲、安慰……种种关心围绕着我，我开始平静地对待每天的学习生活。书桌上那株每天与我对视的多肉欣欣向荣，一天天长大，似是在为那个火热的六月蓄力。

从过于频繁给我带来压力的家校沟通，到适度及时的家校沟通，我有了更加平静的心态面临高考。我很感激，也很感动。那段时间我的状态不好，你们是那么担心，但为了我的心态，你们强忍担心，鼓励我支持我，陪我渡过难关。

勇气

晴天霹雳。

最好的朋友和我大吵一架，然后我们分道扬镳。

多年的友谊、绝对的信任、以为我们会一直是好朋友的信念，这些当初让我无比快乐的东西现在都成为我的梦魇，揭开我血淋淋的伤口。珍视的东西顷刻间就不复存在，我突然对生活失去了热情和信心。

那时距离高考还有几个月了，但朋友的离开对我是巨大的打击，我怀念多年的友谊，痛苦友谊的破碎。上课听着听着，考试写着写着，脑海里总会涌出之前美好的回忆和我们吵架的痛苦。我很难专注于学习，各种思绪纠缠着我。

你们看出了我的心神不宁，和我长谈了一次。你们没有评判谁对谁错，而是告诉我人生就像一列火车，中途有人上车，也会有人下车。有的人下车不是因为车不够好，而是因为目的地到了。不必执念于车上的美好，美好珍藏心间便是不负。我仔细思索你们的话，心里的包袱没有那么重了。

几天后，班主任和我谈话，夸我最近状态比前几天好多了。我才知道你们和老师沟通过，说我最近遇到一些事，情绪不好,希望老师多关注我的状态。我告诉了老师我的痛苦,老师相信我能处理好这件事,欣慰于我没有被困难打倒。慢慢地,我也逐渐释然,当下最重要的是高考,破碎的友谊不急于一时,急也无济于事。

爸爸妈妈,是你们默默进行家校沟通,帮助我及时调整状态,让我从迷航中驶入正轨,让我重拾迎难而上的勇气和力量。

家校沟通,或许是一个很多孩子不愿面对的话题,家长会向来是"几家欢喜几家愁"。但家校沟通又是相当必要的。我眼中好的家校沟通应该是及时的、有效的,建立在尊重孩子基础上的适当的沟通。一方面不给我太大的压力;另一方面又鞭策我前行,让我不敢懈怠。爸爸妈妈,你们做到了,正是你们的默默付出带给我很多鼓励和支持,让我获益良多。

爸爸妈妈,我很感激你们。你们包容了我太多的任性,引导我前行,做我的坚强后盾,为我遮风挡雨,教我成才成人。以后的日子里,我会更加懂事,不让你们担忧难过。

  祝
身体健康,工作顺利!

你们的孩子:妍妍

第 27 封家书

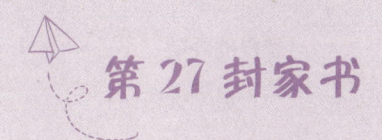

学习创新的真谛

陈婧琪 高考总分：664
毕业于河北省衡水第一中学
就读于北京大学中国语言文学系

创新是什么？创新来源于何处？创新是为了什么？这些问题，儿时的我并不能思考明白，观点与家人也有较大分歧。故事开始于《苹果里的五角星》……

亲爱的外婆：

见字如晤。

今天和您不是通过微信来交流，没有使用我们各有"风格"的表情包，也不是以语音通话的形式，而是用有点质朴的文字，向您传达我的思绪。中秋快到了，希望中秋之时，这封信能如月光般驰骋千里，去往您的手心。对您多年来如一日的教导，我满怀感激，无以言表。唯愿其如涓涓细流，如皎洁月光，于无声处将情意传达。

离家上大学后，您学着去使用智能手机，只为了与我能有更即时的交流。身边的人知道后，无一不钦佩。"这么大年纪的老太太，手机还能使用得这么熟练，厉害啊。"您还记得吗？一开始您发微信还经常打错字，将原本想发给我的消息发给了别人的乌龙情况也十分常见。后来许是靠您不服输的精神，微信越用越流利。会转发文章了，会使用表情包了，会添加收藏了……属实成了智能机专家！

外婆，您意识到了吗，在这个过程中，您已经悄悄地创新了我们传统的交流方式。如若仍是传统的电话短信，可能我们只能挑在双方都空闲的时间进行长段的交流，却无法进行即时的交互；如若仍是传统的交流媒介，我们的交流也仅限于语音和文字，无法进行视频，更无法用一些外链来多元地交流我们的想法。创新着实是美妙的，但我更应该感谢的是您张开怀抱，接纳了新事物，于是创新成为可能。

围绕创新，我们先前还经历了不少故事哩！甚至有过小小争吵。但千帆已过，您教会了我何为创新，我们也在观念的交锋中为彼此的思考拓展纵深……

缘起：苹果里的五角星

将故事的书页翻回小学。每次拿到崭新的语文课本，我都会兴冲冲地跑回家，先缠着您陪我一起把课本包上书皮，然后迫不及待地从前往后将书里的故事都翻看一遍，看完还总不忘向您发表我的想法。其中有一篇课文，标题是《苹果里的五角星》，不知道您是否还记得？故事里的主人公有一次无意间横着切开了苹果，发现苹果中的果核竟呈现五角星的形状！人们习惯于竖着切苹果，而惯常之下，是无法看见五角星的。

读完这篇文章的我也兴冲冲地跟您讲："外婆，外婆！您看这篇文章，苹果竖着切会有五角星哦。下次我们不要竖着切片了，也横着切看看嘛！"当我以为您会和我一起为这个新发现激动时，您却很平淡地告诉我："哦，是吗？但是不能次次都横着切哦。竖着切自然有它的道理。会更方便，更省力。"听到这个回应，我仿佛被浇了一头冷水。为什么？明明这篇文章告诉我们需要打破常规，不要循规蹈矩。一直以来支持我表达自己的观点、鼓励我学习书中的新知识新思想的外婆，面对创新的时候态度竟如此消极。竖着切苹果固然方便,但方便,便是全部吗?那时的我和您之间,对于创新概念的认知有着不小的矛盾。

在您看来,若"创新"不能带来实质上成果的提高,那么其是无用的,也无法被称为"创新"。而在当时的我看来,只要是与常规不一样的解决方法,都可以带来新体验,而新体验足够使其被称为"创新"。

这个观点的对立被保留了下来,我们在大小方面都针对其进行磨合,没想到竟真的渐渐找到了"创新"的真谛。

磨合:在学习过程中高效创新

自五角星事件后,您就被儿时的我打上了"不懂创新"的标签。爱迪生的发明、先进的科学技术,与我们家质朴的处理问题的方式完全搭不上边,我甚至杞人忧天,创造力会不会就在对于"方便""效率"的追求下被蹉跎了。

青春期的我像一辆自动驾驶汽车,有冲劲,却也危险。对于创新的追求逐渐变异成了追求特立独行。当大家踏实做事时,我往往在捣鼓独特的个人方法或追求鲜明的个人风格。但问题渐渐出现了。

首先,人需要在学会跑之前先学会走。如若一上来就学习翱翔,更容易坠落。我的基础不够踏实,失败是常有的。而我又没有应对失败带来的挫败感的能力,只能逃避,只能自我安慰、另辟蹊径。

创新的来源也不是拘泥在自己一方天地里的冥思苦想，而需要有选择地汲取他人智慧，为我所用。

这时，幸好您来到我身边，与我平心静气地进行交流。那天傍晚的阳光很好，您弯下腰，夕阳光下的您是闪耀而柔和的。您问我，最近是不是有什么烦心事儿，是不是遇见了什么困难。我又想起了苹果里的五角星。追求五角星，是不是只能带来痛苦？您笑了，温柔地告诉我："我们呀，先要快乐地吃苹果。快乐了，追求五角星也就快乐了。"您拿来一个苹果，侧着切一小片下来，苹果便能稳稳地横放，这时再对其横切，我又看见了五角星。

　　是啊，创新不一定非要大破大立，也许打破常规的一点点突破就能带来惊喜。原先的惯常是纵切，改变不需要太大，只需要纵切一小刀后再横切即可。这样，既有新体验，又可以实现我们的目标。创新的来源也不是拘泥在自己一方天地里的冥思苦想，而需要有选择地汲取他人智慧，为我所用。

　　迁移到学习上，便是学习他人先进的学习方法，复盘自己的知识体系有什么问题，以完成学习任务为根本目标，以更多样的思维方式去进行创新尝试。比如说，初中的时候，校园里流行起一种新的背单词App，它的主要卖点是用图片对接单词，利用右脑去进行记忆。这对于背单词的传统方法是一个创新，原先我只会生硬地将字母与意思进行结合，缺少了图像的对应，背诵效率较低，这种背诵方法上的创新提高了我的效率。再后来，我对背单词过程进行复盘后，发现了自己遗忘率过高的这一问题。于是，针对这个问题我寻找创新不一定非要大破大立,也许打破常规的一点点突破就能带来惊喜。

创新之法。机缘巧合下，我又发现了另外一种背单词APP，以艾宾浩斯遗忘曲线提供的信息为基础安排复习计划。我对于在背单词方面所做的两点创新改进还是非常自豪的。于是我又小跑到正在择菜的您身边，向您分享我的快乐。"对嘛，我一直相信你特别有自己的学习方法，慢慢找就好。"那天的阳光也十分明媚，您依然温和而闪耀。我们像解开了彼此的心结，同时收获了新知。

思考：如何更好地创新？

五角星事件，您教会了我要以完成目标为根本去审视自己的行事方法，进行创新。创新不是特立独行，而是在完成指标下的效率提高。在调和了这个小矛盾之后，我感觉和您的交流也更加紧密，可以去倾听您的不同观点，微调自己的视角。不知道您当时有没有感受到，青春期的我竖起的刺柔和下去一点了呢？

而学会理解他人思维的合理性，成了我进一步对知识理解以及思维方式进行创新的关键与基础。一个人的知识范围毕竟有限，需要通过他人的知识体系结构来不断进行补充。此外，每个人的思维模式也难免僵化，更需要与他人进行思维碰撞，来寻找新的思考角度。您还记得吗？您常常夸我"很有逻辑思维"。但其实在真正的学习过程中，常保持着逻辑思维也并不是件好事呢。在构建学科体系知识树时，我过分注重"逻辑",如若感觉上下游知识不完整,便难以继续推进学习过程。过分注重"逻辑",在需要感性地去体悟情感的时候,也难以切换自己的固有思维。

得益于之前"五角星"事件我和您进行的沟通交流,我渐渐学着去理解他人思维体系的合理性,将他人的思维模式化为补丁,为我所用。其间自然也有过困惑。您还记得我曾与您诉说我在小组合作讨论中遇到的小小挫折吗?我更习惯于从问题出发,一步步去对问题进行拆解的思考模式,而小组内的合作伙伴可能会先定一个大框架,对框架进行填补。而我尚未找到一个折中的思考方式。这时您开导我:"思维方式的磨合犹如盲人和拐杖。盲人需要拐杖,而拐杖也需要盲人来发挥其效用。一个主动,一个支撑,缺一不可。你可能觉得大框架的设定会有局限,也不容易跟上他人的思路。但大框架会帮助你进一步圈定思考的范围,不重不漏。你的一些思考也可以帮别人补全框架。"听完这席话,我豁然开朗。这虽然是个稀松平常的小组讨论的磨合,但之后,我在与不同思考架构的人们进行切磋交流时,对思维方式的打磨有了质的提高。

其实,若回到学习这个基础的话题上来说,我渐渐掌握的吸收他人思维方式的能力以及在框架下补全问题回答的能力,让我的听课效率有了较大提升。原先我听课常常游移在体系外,只关注自己存有的问题。现在,我可以带着问题去

> 现在,我可以带着问题去听课,跟上老师的思路,也补全了自己的知识框架。

听课，跟上老师的思路，也完善了自己的知识框架。

或许现在我可以说，我学会了如何更好地进行创新，您同意吗？我学会了理解他人思维的合理性，也对"传统"与"创新"之间的关系有了更深的理解，可以更精准地定位目标。而这一切的缘起，是我们对于"苹果里的五角星"的讨论。

这次的书信已到尾声。窗外飘着秋雨。今年的八月十五，或许在这座园子里所赏的月亮是朦胧的。我们共赏一轮明月，而明月各有姿态。正如各人的思维方式，博众彩，才能有所长。希望我能一直开放，一直学习。正如您也努力跟上当下的潮流。希望多年后的我，也能成为像您一样会创新、勤学习的时髦老太太。

祝亲爱的外婆

身体健康、一切顺利！

您的孙女儿：婧琪

第28封家书

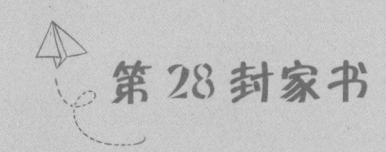

"补弱"的第一步是勇敢面对

靳雅萱 高考总分：663
毕业于河北衡水中学
就读于北京大学外国语学院

"Where there is a will, there is a way." 存在薄弱科目并不可怕，可怕的是不敢面对它。

亲爱的爸妈：

你们好！你们一定很惊讶，在这个科技日益发达的现代社会，我居然会以写信的方式和你们聊聊心里话。其实我自己也没有想到，可能是平时在家里的时候实在羞于表达对你们的感恩与爱，我认为是时候回归最开始的记忆，抒发我的满腔感情了。

你们还记得吗？每一次因为学习的挫败而失意的夜晚，每一个因为难以坚持而想放弃的念头，每一段因为无法调整心态而矛盾的日子，都是你们开导、教育、鼓励、支持我重新站起来，敢于直视与面对困境。过去十几年的点点滴滴——床头柜上一直温热的牛奶、书桌上永远新鲜的水果、夜里打开门常亮的灯光，无一不是你们对我的爱与关注。

其中，在前进路上给我以很大帮助的是你们教会我的：直面盲点，转弱为强。

不逃避弱科

你们曾意味深长地告诉我，人生总会遇到自己不擅长的事情，再强大的人也会有自己的弱点，有弱点不可怕，可怕的是逃避自己的弱点，不敢直面弱点。因此，在学习上，最为突出的表现就是"不逃避弱科"。这五个字说来轻松，我却为此付出了三年的试炼。

高一时学习自然地理，地理老师在讲台上滔滔不绝，我在课桌前迷迷糊糊，想着这部分学不通就算了，我课下努努力用别的补上来就好，于是心安理得地放弃了钻研自然地理。高二时分完文理科，地理逐渐被所有老师、同学重视起来，由于自然地理的基础薄弱，人文地理也让我头痛不已。眼看着周考、月考、期中考、期末考成绩单上一直被标注为"薄弱科目"的地理，我终于焦虑起来。许是你们所说的病急乱投医吧，我胡乱买了几本教材，以为刷刷题就能追上，但心底还是没有对地理学习的热爱。可想而知，结果不尽人意，直到高二下学期我依然饱受困扰。

每当我回家抱怨起地理有多难，你们就跟着我一起着急，却又安慰着我没事没事。但是长期以来高中地理的弱势击溃了我的自信，甚至出现了抗拒地理学习与考试的情况。此时爸爸您首先意识到，我的问题根本不在学不好地理，而是我已经没胆量面对我的薄弱科目，我抵触并逃避与地理有关的一切，心底也坚信自己就是"啃不来这块硬骨头"。

在一个平静的夜晚，我走出书房准备倒杯水喝的时候，看见你们的卧室灯仍然亮着，从门缝里钻出一些声音，隐约可以听出"薄弱科目""逃避""怎么办""有用吗""着急"之类的字眼，我突然愧对你们的苦心。之前以为，你们充其量只是我的"倾听者"；那一刻，我却突然意识到，原来你们一直在默默地帮助我解决困难。困扰我的弱科，也同样困扰着你们,你们尚且对我的弱科如此关心,我自己却在一味地逃避。

第二天是周末,你们主动提出要和我聊一聊。在聊到地理的时候,我垂头丧气地说自己"打算放弃"了。

> 你们告诉我:"人无完人,有弱科是正常的。"

听了我的话,你们告诉我:"人无完人,有弱科是正常的。"你们希望我去寻找原因,这样就能越早找到正确的学习方法,从而能够更勇敢地面对。你们也不再一味安慰,而是开始引导我不断反思,到底是基础薄弱,还是缺少举一反三的能力,又或者是理解知识不充分、题意看不懂。尽管你们没有学过地理,不知道我具体的问题所在,但你们仍然竭尽所能地从心态和方法上引导我、鼓励我。你们教我先面对盲点,在确定了自己的盲点后,制订计划来克服它们,可以设定有时间限制的目标,比如一个月吃透必修一的前两个单元,并为一个个小目标制订具体可行的步骤……

你们的话如同拨开云雾的一双手,敲醒了我一直以来逃避薄弱科目的大门。没有改变,何来进步?没有行动,何来改变?我终于克服了心理障碍。按照你们的建议,我马上在纸上定下了高二下学期我要完成的几项学习任务——每周复习自然地理的一个单元,3月1—7日,水圈;3月8—15日,大气圈……以此类推。抓紧课下时间到地理老师办公室问问题、背中国和世界地图、背区域人文地理,我在内心对自己说:"我肯定能行!"我的"转弱为强"改造计划开始正式贯彻实施。

没有改变，何来进步？没有行动，何来改变？

爸爸妈妈，非常感谢你们，在你们发现我地理较弱的时候，没有逼着我提高地理成绩，因为你们说："这是违背规律的事情。"你们不想让我从小就养成逃避的坏习惯，连小小的地理都能打败我的斗志。你们对我只有鼓励和相信——相信我一定能够利用自己的优势弥补劣势，找对方法重新建立学习地理的信心。

共学共进

除却口头上的教导，我还特别感谢爸爸的身体力行，这给了我勇气与坚持的毅力。

还记得我备考的同一时期，您也正在准备单位组织的法律考试，您经常自己打趣说："从小到大，爸爸书都读不进去，哪像女儿你读书这么厉害！"所以在跟我和妈妈商量之后，您把客厅的桌子搬进了我的书房，决定每晚跟我一起看书。周末我负责抽查您的知识薄弱点，您抽查我给自己布置的地理任务完成情况，您还用比赛谁的进步快能获得奖励的方式引导我学习地理。

第一周，我的努力可以说是收效甚微。不过你们一直跟我说，学习是一个长期的过程，任何科目知识的积累都不可能快速体现在一次考试中，关键是振作精神，继续努力，积极面对地理学习任务。

第二周、第三周仍是如此，但是每当我萌发出自暴自弃的念头时，便马上会叫停自己这种想法。因为从你们的教导中，我深切感悟到了不能逃避困难的重要性，只有直面地理学习上的每一个盲点并一一解决，才能完成化弱科为强项的目标。而且在和爸爸您一起学习的日子里，我学到了要善于利用自己的优势弥补劣势。您是个理科生，擅长逻辑思维而不是大量背诵，所以您在电脑上列出了法律条文的思维导图，让自己理解并记忆。而我，因为文科思维比较强，则会把地理里的一些知识点转化成语言文字的解读，方便自己记忆。

> 在和爸爸您一起学习的日子里，我从您身上学到了利用自己的优势弥补弱势。

俗话说得好，实践出真知。在进入高三之后，很多同学都遇上了和我一样的情况，因为接连几次的大考失败而失去学习一门科目的信心。我这才明白你们的良苦用心，积极面对并转弱为强的能力虽不是一朝一夕可以培养形成的，但从何时开始都不算晚，我很庆幸有你们这样的父母早早教会了我不逃避。在最紧张的高三下学期，我的地理成绩终于开始稳定上升了。早已数不清距离第一次为自己制订计划已过去了几周的时光，也不愿强调区区十几分耗费了多少努力的汗水，我只想感谢你们的谆谆教诲。

我仍记得高考文综入场时，是个阳光明媚的晴天，走出考场时我是自信的，我为自己曾经在薄弱科目上付出的努力而骄傲。在盛夏蝉鸣的七月底，我收到了人生中最好的礼物——高考出分。是的，爸爸妈妈，女儿真的做到了你们期待的那样，直面盲点，转弱为强！

爸爸妈妈，我由衷地感恩你们的言传身教。如果没有你们的帮助与教导，我不会拥有转弱为强的能力与能力，更不会取得如今的成绩。我常常一个人走在北京大学的校园里，思考着："在这段不算轻松的大学学习中，我仍然坚持着不逃避任何困难的原则，积极地面对每一门课、每一次比赛与展示，这该是多美好的一件事啊！"所以，女儿想写下这封信，记录我的成长中你们不可或缺的教导，最重要的是，感谢你们多年的栽培！

爸爸妈妈，你们辛苦了！

你们的女儿：萱萱

第29封家书

学习是我们终生的事业

陈婧琪　高考总分：664
毕业于河北省衡水第一中学
就读于北京大学中国语言文学系

树成长的过程是痛苦的，看不见成果的生根阶段尤其是。祝愿每一位求学的学子，都能主动去转动手中的万花筒，以多元的视角、积极的态度去汲取新知，去探寻这个世界。

亲爱的外婆:

您好!收到这封信的您正在做什么呢?估计是忙碌了一天,在床上享受片刻闲暇了吧!马路旁的街灯是否和往常一样照进屋子?电视里播放的是什么电视节目?是社会新闻,还是养生科普,或是当下年轻人和您都爱看的都市剧呢?我不在家的日子里,相信您也过得充实。

或许您会好奇,我为何给您写这样一封信。小的时候,我们无话不谈,从多认识了几个字到幼儿园里吃了什么菜;青春期了,我拒绝沟通的姿态许是让您费了不少心神;再到站在实际的地面上和您聊梦想,聊过去;时间变换到外出求学时,电波牵连起我们。但电波终归单调。纷杂的思念、感激之意,唯有这么一封信可以一叙。

您也许知道,您是我最钦佩与感谢的人。每当遇见"我最佩服的人""家庭教育"一类的话题,我都会说起外婆您的故事。成为像您一样敢于探索、终身学习的人,会是我永远的目标。在进入到大学后,随着知识的海洋变得更加宽广、人生丰富的可能性渐渐在我面前铺开,您对我的指引便显得更加深刻。爱上学习,终身学习,不停下探索的脚步。如此简单的几句话,却蕴含着人生的奥义。我的语言太过单薄,无法将您对我的指引、激励说出一万分之一二。

似春雨润无声,似圣洁的洗礼,也许您不知道,是如何将这些道理教给我的。我想您一定没有对我进行说教的记忆。毕竟大道理不寓于言，而弥散在无形之中。今天，请允许借此机会，重新回顾您陪伴我成长的过程，以及您教会我"乐学"的故事。

做个会观察生活的人

您还记得吗？小时候您带我坐公交车，特别喜欢和我一起看窗外。无论是街边的行人，还是马路旁的行道树，您都会引导我去看，去观察，将画面变成语言去感知。这成了我在孩提时代触摸着去感受世界后的新一步。您还喜欢带我去看街边路牌，带我辨识那些汉字。"中国邮政""中国农业银行"……积少成多，渐渐地，我也可以认得很多汉字。到后来，我开始主动问您："外婆，那个是什么字呀？""你想想啊，我们之前看的'中国人民银行'，后面两个字是不是一样？所以是什么字？""哦……"

后来我一个人坐公交的时候，也喜欢看向窗外。城外新建了高铁，家北面的那座桥要拆除了，道路正在拓宽……我通过公交车的一扇窗子体会城市建设的变化以及城市跳动的脉搏。街上的黄焖鸡米饭店铺数量骤然增多，奶茶店的门类也更丰富，有更多的外卖小哥在为大家能吃上美味的食物驰骋着……我通过这扇窗也感受着生活方式的变迁。生活处处是新知。书上的文字给予我们间接经验，您是带着我探索获取直接经验。

我一直保留观察身边的人与物的习惯。因为您的指引,我对生活的触角更纤细,可以发现更多的盲点,可以更深切地感受到我与这个世界紧密相连。而面对书上理论的时候,我也更有实感,因为您也教会了我如何去生活。学习有了抓手,因为我们是为了生活去学习。

> 因为您的指引,我对生活的触角更纤细,可以发现更多的盲点。

做个会提问的人

小学时,住在楼上的阿姨给了我一套《十万个为什么》图书。您特别喜欢这套书,哪怕其中有些自然科学知识是您也不了解的,但您会引导我一起带着问题去阅读。现在回想起来,若将我放在当时您的位置,我无法确定是否会和您一样有耐心。您鼓励我去问"为什么"。您告诉我,越是无法直接解答的问题,越有提问的价值。

您还记得吗?您经常陪我一起看那部叫《蓝猫淘气三千问》的动画片。地球是怎么形成的?星星为什么会眨眼睛?您尽力保护我作为孩童的想象力,让之后的我在惯常的生活中也能发现惊奇。

您还教会了我保留问题,保留好奇,然后带着问题前行,在合适的契机迸发灵感。举个例子来说吧!当时电视上会放动物世界这个节目,其中有不少自然科普知识。我们在《十万个为什么》上遇见的问题,您会带领我记在脑子里。若在

您尽力保护我作为孩童的想象力,让之后的我在惯常的生活中也能发现惊奇。

电视上遇见相关联的知识,便提示我:"那么先前的问题,现在是不是有答案了呢?"

孩子是善于模仿的。久而久之,我学会了像您一样,在生活中发现问题,保留问题,并通过自己的探索去试着解答这些问题。并且随着时间的推移,我对于问题的收集与处理能力也在不断迭代,从纸质的记录本到搭建电子个人知识库,根基都来源您当时的引领。

做个关注过程的人

时间流转,我踏入了初中的校门。青春期的我渐渐带上了"刺"。不再像以往那样敞开自我,任由情绪在个人内心蔓延。您觉察到了不对,却不能轻易敲开紧锁的门。现在我想为自己当时的行为说声抱歉。

重点初中的竞争是激烈的。同学们学习劲头都很足,比我聪明、有天赋、更努力的同学不在少数。付出的努力与最终结果的差距又进一步挫败了我学习的积极性。我没能很好地处理心理上的落差。学习变得不再那么纯粹。而我只将这些负面情绪埋在心里,发酵出黑色泡泡。

终到了爆发的临界点。一次月考结束后,拿着成绩条的我坐在书桌前,压力、无力、挫败、前路渺茫带来的焦虑似要将我淹没。我只想找到一个出口。被撕碎的学习报,散落的书页……您眼里的孙女儿是个文静的乖女孩,但您也知道她有自己的情绪,许久未被抒发的情绪。您把我带到您的床边,轻拍我背,引导我说出来,把自己的烦恼说出来,把自己的愤怒说出来,把自己觉得不易宣之于口的事都说出来。"我为什么总是考不过别人呢,为什么付出了这么多,仍然没有收获满意的成绩呢?"这些我不愿意和别人交流的问题,这些说出来就显得"格局小了"的阴暗想法,我一股脑儿地倾倒了出来,顿觉舒爽。

当我以为会收获诸如"没有关系啊""下次努力就行了""你已经很棒了"等一系列能起到安慰作用却不能解决实际问题的话语时,您反问我:"那你觉得哪里做的没有别人好呢?"这个问题点醒了我。我确实需要冷静思考一下为什么。一方面,我做得真的有那么不好吗?我的数理思维能力弱,进入初中,增加的物理、化学课程一时令我有点不太适应,这点在考试成绩中被放大展现了。但文科方面仍有一定优势,新的学习节奏也调整得当。另一方面,我知道与别的同学有一定距离,但距离是怎么产生的呢?沉思了一会儿,我虽无言,但心里纠结已解大半。这时您告诉我,比起结果,努力的过程更重要;虽然结果也重要,但一次的结果也仅仅是一次的结果而已,过程才是自己的。

是啊,每一步的努力都会被内化。在关注横向的比较之外,更要纵向关注自己的得失。而比起只着眼于和别人结果上的差距,更要关注过程中自己做得不足的地方,去加以改

> 在关注横向的比较之外,更要纵向关注自己的得失。

进。功力并不唐捐。根据得与失对日常的学习进行修正,比起结果,关注过程才更重要。

"我一直都相信,我的孙女儿是最棒的。"您笑着对我说。这句话,我从记事起一直听到现在。或许很多家长喜欢用"别人家的孩子"的故事来激励自己的孩子,但您从来不这样。甚至和外人说起来,也会骄傲地说您的孙女儿,我俩有时针对这点还会有矛盾。但在心情低沉、丧失自我价值确认的能力时,是这句话将我救起。是啊,考试很重要,但它只是阶段性的评价。考题的风格、范围的交错、发挥的状态都会影响最终呈现的结果,故而它无法准确体现学习意愿与学习能力。如果相信自己是最棒的,保持学习的劲头,不断提高学习效率,一时的不如意又有何干?

我永远记得您说:"外婆希望你,无论什么时候都要相信自己。学习的路还长,还长。"

"学习的路还长,还长。"写下这行字的时候,您的声音仍萦绕在我耳畔。这句话伴随着我后来高中直到现在大学的学习过程。知识越来越深入,门类也越来越多。人生常识需要学习,生活哲理需要学习,科技日新月异,学习的脚步不能停下。求上上者,得上上。如若当时我只将视野局限于自身所处的狭小空间,不去思考何为知识、何为学习,不去观察身边世界,不去试着寻找问题,现在的我只能越活越逼仄。您不曾用教育理论来进行说教,而是言传且身教之间,陪我

学习，不为他人，只为自己，它是我们终生的事业。

一起真正享受学习的过程,带我体会学习真正的魅力。得益于此,现在的我面对未知、面对自身,才能更平和,才能体会到山高水长,才能相信只要愿意学习,我们能去往任何地方。

学习,不为他人,只为自己,它是我们终生的事业。

也许您曾无意间点亮火柴,但我已在火焰中看见万千世界。

亲爱的外婆,衷心感谢您。

我们一起去看更大的世界。

您的孙女儿:婧琪

第30封家书

家庭习惯改变学习命运

赵冰婵　高考总分：671
毕业于北京市第十二中学
就读于北京大学信息科学技术学院

　　家庭是整个社会中最小的人员组成单位，也是我们每个人出生后的第一个集体，家庭环境和家庭教育对孩子的影响是潜移默化且深远持久的。

亲爱的爸爸妈妈：

你们好！

人们常说，每一个优秀的学生背后都会有优秀的家长支持着，我深有体会。我能得到今天的成绩，很大程度上就归功于你们的支持、鼓励和良好的教养方法。正是你们的教育，让我从小养成了良好的学习习惯，这些学习习惯帮助我一步一个脚印走向成功。

点滴中培养好习惯

据你们回忆，上幼儿园时，你们心疼我那时还小，不忍心早早叫我起床，总是能多睡一会儿就想让我多睡一会儿，所以学前的三年，我每天早上都是在迷糊间，被穿好衣服送出的家门。结果就是，小学了，我还不能离开你们的催促。每天能在床上多赖一分钟，我也是懒得起的，总是在最后关头，急匆匆地冲出家门，最后一个冲进教室。每天迟到成了我小学生涯的第一个大难题。学习中，也是这样，每天晚上，针对当天的作业，我总是早早摊开，但是直到上床，我才草草完成。妈妈，至今还记得，您无奈又后悔地望着我说"惯子如杀子，这真是自作孽不可活呀！""幸亏我们觉悟得早！"——妈妈，这是您的原话。

为了改掉我拖延的毛病，最初你们还不厌其烦地叫我早起，催我写作业，但是后来，你们居然就那么放手让我自己

三分钟居然能做那么多的事情，
三分钟居然能做完那么多的事情。

承受了苦果。那天，你们没有任何征兆地停止了叫早，当我气喘吁吁地赶到学校时，被老师无情地留在了走廊。下课后，来来往往的同学笑着和我打趣，我真恨不得有个洞能立刻钻进去。回家后，我怒不可遏地向你们咆哮时，妈妈，您只是轻飘飘一句："妈妈因为你也总是上班迟到呢，以后，自己的事情自己做吧！"就这样，我再也不敢依赖你们，总是提前定好两个闹钟。后来，就是你们无尽的赞美了："宝贝，你真是不鸣则已，一鸣惊人，已经有一个月没迟到了吧，好样的。"爸妈呀，谁不知道你们的小伎俩，我只是不戳穿而已。

  还要说起写作业的事情，我其实是知道自己的情况的，那和起床不一样，拖延只是一个简单的借口，真实的原因是，我不能专注。大概你们也发觉了两者的不同，所以这次你们没有简单粗暴地让我自生自灭，而是开始对我着手进行时间管理培养。当你们向我说起你们的计划时，我内心是拒绝的，写作业和时间管理有什么关系呀，但行为上，我"深明大义"地配合着。

  最早开启的是"三分钟计划"。你们给我规定下任务，三分钟，一首古诗；三分钟，6个单词；三分钟，10道算术……我惊奇地发现，三分钟居然能做那么多的事情，三分钟居然能做完那么多的事情。这个方法后来被你们不断调整，5分钟，10分钟，30分钟，我享受一次次的挑战，也惊喜地发现自己能心无旁骛地专注于一件事情的完成。

用于作业时，你们也是先提醒我把作业分解成无数个10分钟，后来是20分钟、30分钟，当我有一天，一气呵成地把作业完成，离预定时间早出一个小时时，我由衷地开心。再后来，每天的作业我无须提醒，早早就能完成。以前，拖延就是个无底洞，什么事都是拖，结果是事情越拖越多，越多越不想做。洗心革面之后，我不但作业能高效完成，其他的事情做起来也变得得心应手，而且是越做越想做，每天都是满满的充实。爸爸妈妈，这都是你们的功劳，为了让我养成好的习惯，你们肯定做了不少功课，谢谢你们的耐心引导。

上初中之后，数学的难度加大，有时候遇到一些不会做的题目，我会直接去翻阅答案。有一次，爸爸发现了，就问我是不是在抄答案。我说，我没有抄，只是因为实在不会做，所以看一看答题的方法。您并没有反对我的做法，但反问我："答案里的做法你学会了吗？"我不明所以，点了点头。然后您说："如果你学会了，就给我讲一遍。"当我尝试着讲给您听的时候，才发现自己并没有真正理解答案里的思路，或者说，我并没有找准那个破题点，没有真正理解为什么这道题要这样做。后来，您告诉我，答案里的东西可以参考，但一定要把这些东西内化成自己的，不然，只是一味誊抄，是很难学到真东西的。做题是为自己做的，不是为了"完成作业"而做，为自己做题就要真的理解，将每道题学透了才行。

您那天的教育让我恍然大悟，从那以后，我不再照搬照抄任何东西——不管是练习册后面的答案，还是老师上课的笔记，或者教辅资料上的批注——因为那些东西并不属于我，只有当我自己理解消化了，这些知识才真正属于我自己。您帮助我培养的这个好习惯，让我受益匪浅。时至今日，想起那天您的教导，我仍心存感激。

及时摒除坏习惯

有好习惯就有坏习惯。在我学习的过程中，也有过很多不良的学习习惯。幸好有你们的指导和教育，帮助我及时纠正，"搬走"了学习前进路上的"绊脚石"。

我记得在初三的时候，学习压力很大，加上青春期情绪不稳定，会有些叛逆。每天晚上回到家，我会把自己关在房间里，打开电脑播放喜欢的音乐，一边听歌一边写作业。但不可否认的是，听歌确实很影响写作业的效率，特别是歌词复杂的歌曲很容易吸引走我的注意力，让我写着写着心思就跑了。

这时候，是妈妈站出来帮助我改正了这个习惯。而更让我感动的是，妈妈您并没有直接批评我的做法或是强硬地阻止，而是半开玩笑地说："你听的这些歌怎么语速这么快啊，也没什么音调，到底有什么好听的？"或者是说："你一晚上就单曲循环这一首，也听不清歌词是什么，我看你就是学习爸爸妈妈，这都是你们的功劳。

太焦虑了,而且越听越焦虑。"我向您科普这类音乐,谈笑间,您告诉我,这种音乐很容易分散学习的注意力。要提高写作业的效率,就必须强制自己把精力都集中在学习内容上。当然了,您也没有直接反对我听音乐的做法。您说,如果感觉学累了,想要放松一会儿,可以听一些轻音乐,一边听一边读读书,就当放松心情了。

> 要提高写作业的效率,就必须强制自己把精力都集中在学习内容上。

第二天,妈妈您就拿了一个存满轻音乐的U盘给我。小小的U盘交到我手上,我却感觉沉甸甸的——大概那就是厚重的爱吧。

每个孩子成长的过程中总会不经意间养成一些不好的学习习惯,毕竟贪玩是小孩的天性。但我很感谢你们能够在我成长路上帮助我摒除这些坏习惯,稳扎稳打,提高学习成绩。

爸爸妈妈,感谢你们,在我成长的道路上,帮助我培养了那么多良好的学习习惯,也帮我改正了坏习惯。正是这些学习习惯,让我一步一个脚印地取得了一个个可喜的成绩,谢谢你们!

  祝

身体健康、工作顺利!

女儿:冰婵

第 31 封家书

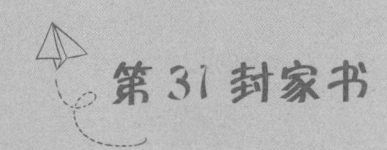

做学习的"主人翁"

黄秋璇　高考总分：700
毕业于重庆市第八中学
就读于北京大学基础医学院

人生是一场漫长的探索之旅。途中会有恩师的指引、家长的陪伴，但总有一段路，需要我们自己走。幸运的是，妈妈在我很小的时候就有意识地为我保留了一块空间，让我自由发挥、自主选择。

亲爱的妈妈：

见字如面。

一场秋雨一场凉。国庆假期，北京笼罩在绵绵细雨里。似在一瞬里，人们都穿上了秋衣。秋天的清晨也带着露水和雾气。听奶奶说，重庆前几日还是高温天，但昨日早晨的秋老虎，在午后的一场雨后就被赶跑了。气候真的是个神奇的东西。在南方生活十八载，我却感觉从来没真正懂过这片土地，总想去探索更多更多。

不过在信里聊天确实有点奇怪。信息科技使即时的沟通成为可能，即使分别两地，我们也能拥有几乎同时的共通情感体验，而信件就做不到这点了。等到这封信到您手上时，或许北京已经来了暖气，我们都能微感初冬的寒意。

即便如此，我仍然选择了信件这个形式来与您诉说。不知道您还记得初中时我们一起读过的《傅雷家书》吗？其中尽是傅雷先生的苦心孤诣与浓浓的家庭牵挂。今日，我想向您表达感激之情；感激您在我小的时候，就在潜移默化间培养了我独立思考的意识。而独立思考的必要性在人生的推进中不断显现。我越来越深感人生是一场永不停息的学习之旅，我们所获得的、所感悟的都取决于我们的学习力。如此重要的一个话题，我想用笔写出。

妈妈，希望您在阳光下、在花香里展开这封信，慢慢阅读。妈妈，感谢您。

引入："自觉的孩子"

妈妈，您还记得吗？从小到大，总有家长羡慕您，说您从来不用为孩子的学习操心，因为我"很自觉"——由我说出这件事颇有往自己脸上贴金的意思。但其实很多事情是他们没有看到的，我却很清楚。我的一些"自觉"，是在您的引导和陪伴下渐渐养成的。

> 习惯的养成不是一蹴而就的，但即使是微小的改变也可以有巨大的效果。

习惯的养成从细微开始。小学一、二年级学习口算，算完后我总喜欢让您帮忙检查一遍。因为我总是粗心，不想在收到的批改版的作业上看见鲜红的叉叉，所以总缠着您。一开始您帮我检查过几次，但后来却再也不帮我检查了。您告诉我，作业是自己的作业，考试时会有家长帮您检查吗？我感到委屈，闷闷不乐好久，但冷静下来想想，我让您帮我检查作业，一定程度上就是让别人帮我分担责任。"糊弄"完作业后便万事大吉，这是极不负责任的态度。

慢慢地，我养成了自主检查作业的习惯。您也帮我准备了记作业的本子，在我放学后的时间安排上，您的态度很坚决，没有纵容我的任性，而是明确回家后要做哪些事，因此，我会严格按照本子上记录的任务来做，完成一件就划掉一件。现在想想，这就是"To-Do List"的雏形吧。

习惯的养成不是一蹴而就的，但即使是微小的改变也可以有巨大的效果。日积月累，我渐渐成为一个可以称得上是"自觉"的孩子。还记得小学五年级时,我转入了一所全寄宿制学校。从小您就告诉我:"自己的事情要自己做。"潜移默化中,我可以很好地适应一个人的学习生活。因为我很清楚,学习是我自己的事。经过寄宿制学校的两年历练,我的时间管理能力有了进一步的提升。后来大家见到您也都会羡慕地说:"你们家小孩不用烦,很自觉。"现在想想还是会有点开心!

提升:"主人翁意识"

随着慢慢地长大,我发现,光靠自觉还远远不够。自觉其实是比较被动的一种态度,在老师的指令下,只管完成作业要求、知识点要求,而不去思考"我要做什么""我想学什么",其实是不会有太大发展的。庆幸的是有妈妈您的提醒,您告诉我要化被动为主动,要成为自己学习的主宰。

还记得小时候看电视,有个广告我至今记忆犹新——"九门功课同步辅导"。当时的我不明白为什么要学九门功课,妈妈,是您告诉我说,这样掌握的知识更丰富,认识世界的工具也就更充足。当时的我似懂非懂。

进入初中后,果真"九门功课"同时袭来。学习的科目、知识的广度都有了指数型增加,新知的获取与遗忘仿佛是同时进行的。一开始的我并不能很好地进入到学习的节奏中,纷杂的知识令我有些慌张。但您鼓励我、引导我培养学习的"主人翁意识"。您告诉我说,可以在脑海中想象出每门功课

"问题"是极其重要的,它的背后是好奇,是"我想要知道"的求知欲,它往往是新领域的突破口。

都有一个专属的"进度条"。新课的学习、作业的训练、定期的梳理都是向前推条的过程。而不可避免的遗忘是反向推条。您带领我通过一些图表、记忆次数的记录来把握自己的知识体系构建情况。在可视化的条件下,推条给了我学习的动力与成就感,我开始感觉到自己是自己学习的主人,要努力去补全自己的知识体系。同时也更加清楚自己在哪方面做得好、哪方面仍有不足,学习的效率有了提高。

说到这点,我是真的很佩服您。在缥缈、无形的学习过程中,您以感性的右脑思考方式调动了我的学习兴趣与学习的主人翁意识,并让我自主构建好自己的知识体系。现在进入大学之后,在一些社团活动、社会实践活动中,主人翁意识仍然对我有很大的帮助。它让我更加负责地去做好每一个项目,激励我为他人、为社会创造更大的价值。

做个善于提问的人

说到这里,我突然想起来小学时还有一项作业时常让我头疼——阅读文章,提出问题。每次我都抓耳挠腮。要么问您到底可以提什么问题,要么就是在教材辅导书上找问题,虽然总感觉这些问题太简单,没有将其作为"问题"提出来的必要或价值。

您还记得吗?当时您严厉地呵斥了我。您告诉我,不要太高傲,不要总以为自己已经"很懂"。"问题"是极其重要的，它的背后是好奇，是"我想要知道"的求知欲，它往往是新领域的突破口。

您带着我一起进行预习步骤上的反思。还记得我当时的弊病是文章读得太快，有些地方没有深究便结合自己惯有经验和想象快速将前后文串联。这样阅读的结果就是逻辑总是自洽的，很符合自己的认知，自然很难有新问题的提出。于是，您让我多花时间、多读几遍。通读、标记号读、一段一段地读、逐字逐句地读……一开始确实是痛苦的。但渐渐地，我也习惯了并喜欢上了这样的精读方式。走入文章与新知识的内部后，我有了更加深刻的感知，也渐渐明白了您所说的"问题的质量是思考掌握程度的体现"这句话背后的意义。提问题再也不是一个难关，我反而期待提问题、探索问题、解答问题的过程。

我们也将"提问题"这个步骤推广到所有科目的预习过程中。您告诉我要善于自己看课本，在初遍自学后总结出要点以及自己不懂的地方，带着问题去听课。在实际操练过程中，我发现这个方法确实有事半功倍的效果。老师有备课教案，我也有我的听课计划。最幸运的是，进入到大学后，我有了更多的学习自主性，供我自主学习的网课、教材很多，我都会沿用这种方法。

可是，我不得不承认，有时候我也会害怕被提问，尤其是渐渐长大，知道"害羞"之后。还记得我苦恼地问过您，要是我提的问题别的同学早就知道答案了，他们会不会笑话我，还

> 不要轻视自己或他人的每一个疑问，这可能也是为什么学习、思考是需要自主性的原因。

记得您当时反问我："那你呢？要是你听到简单的问题，你会笑话别人吗？"我信誓旦旦地说我不会。是啊，如果我不以这样的想法去看别人，自然也就不用担心别人以类似的眼光来看我。您告诉我"疑问"是没有高下之分的。我们不能要求所有人都提出和爱因斯坦的相对论一般的问题，也不是要人人都去思考数学王冠上的明珠。只要这个问题对你来说，可以带给你更多的思考，告诉你之前所不知道的一些知识，这就足够了。

是啊，问题是具有独特性的，不要轻视自己或他人的每一个疑问，这可能也是为什么学习、思考是需要自主性的原因。因为每个人的认知方式不同，每个人感兴趣的方式也不同。对于不同的事物，我们无法以统一的标准去评判，也不能给出一个标准答案，所以只能自主去探索最适合自己的学习方法与学习道路。

我边写这封信，边回忆我们之前的故事。竟然在一小点一小点的串联中，又悟出了一些新道理。学习真的是件很奇妙的事。我发现提升自己的学习效率是愉快的，探索不同的新领域也是愉快的，学习让平淡的生活有了新鲜的色彩。

妈妈，感谢您。您教会了我如何做学习的主人，而这，是做自己人生的主人的第一步。

祝您

身体健康、工作顺利！

女儿：秋璇

第32封家书

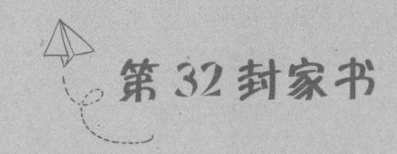

逆袭不是神话

王子铭　高考总分：649
毕业于吉林省延边第二中学
就读于北京大学国际关系学院

逆袭不一定是天才的专属，也可能是一个个普通人的奋斗史。但逆袭之路并不容易，需要克服身心双重障碍。而在逆袭过程中，家庭教育起着重要的辅助作用。

亲爱的爸妈：

你们好！

你们曾告诉我，每一个孩子都是上天送给父母的小天使。无论这个孩子是平凡还是优秀，他身上总是有闪光点可以作为礼物送给父母。

此刻坐在北大的图书馆里，浩瀚的藏书，明亮的环境……我倍加珍惜园子里的时光。这让我回忆起曾经学习跟不上的时候，迷茫、无助、挫败……是你们没有放弃我，陪着我一起逆袭，我才有了今日的成就。

鼓励和支持

没有一个小孩子愿意自己成绩不好，不同的小孩子往往有不同的开窍时间。小学刚开始时，那些令人费解的数学公式和永远读不懂的看图说话是萦绕在我脑海里的魔咒。我看着那些似懂非懂的方块字，思绪早已飘到九霄云外。试卷上的每一个字都认识，但那些文字连起来的题目我却怎么也做不出来。

刚开始我对学习成绩没有什么概念。学不会也不在意，每天自顾乐呵呵。不会写作业的烦恼无法掩盖哪怕是一个冰激淋的快乐。

后来我逐渐对成绩有了概念。小朋友们都喜欢和班委，还有成绩好的同学一起玩，而我只能悄悄跟在后面或者一个人。学习好的同学一个小时完成的作业我要用一晚上来写，这就让我失去了更多可自由支配的时间，每天都处于忙乱和狼狈之中。我开始羡慕成绩好的同学，落后的成绩让我很是自卑和挫败。

挫败感在一次家长会上达到了巅峰。这次家长会，老师表扬了成绩好的同学，并且给几乎每一个人都发了奖状。我竖起耳朵听着老师念获奖同学的名字，从三好学生，到优秀班干部，再到学习进步奖。希望之火一次次燃起，却又一次次被失望浇灭。我不住地告诉自己下一个可能就是我了，悄悄地屏住呼吸的同时害怕听到下一个其他同学的名字。环顾四周，周围的家长手里几乎都有一张奖状。唯独我的桌面上空空荡荡，一张棕色的课桌在一堆金黄的桌面中显得格外刺眼。我涨红了脸，手心出了汗，紧张地听着老师念名字，头埋得很低。

终于，老师说出了"请大家鼓掌祝贺获奖的小朋友，暂时没有获得奖状的小朋友也不要灰心……"，我不记得后面老师说了些什么，脑子里一片空白。我偷偷地瞄了眼妈妈，您的表情很平静，毫无波澜，似乎台上只是一出闹剧，您只是台下的观众，看着别人故事里的喜怒哀乐。

但我还是很难过，铺天盖地的挫败感。我怀疑自己是不是真的很笨，大家都会做的题目我却怎么都做不出来，大家能读懂的图我却完全看不懂。

家长会结束后,我硬着头皮和您一起走在回家的路上,一改往日的叽叽喳喳,只是沉默,无尽的沉默。我不敢说话,我怕您会失望,我怕您会责备我。但您却用轻松的口吻说我的成绩比之前有进步、哪怕没有奖状也没有关系。还提出要和我一起制订学习计划。

看到您眼中的温柔和坚定,我使劲地点头。这段回家路上的温暖记忆由此成了我今后艰辛学习道路上的慰藉,不够自信也不够坚定的我,在您的鼓励和支持下,拥有了勇气和决心。您没有责备,没有失落,只有怜惜和支持,是您给了我迈出第一步的勇气,让我有了成功逆袭的机会。

陪伴和监督

午后的阳光洒在窗棂上,一闪一闪;洒在身上,暖暖的。我看得出了神,却又赶紧收回天马行空的思绪。您捧着一本书静静地读着。您在我旁边,我便不太敢走神。学累了抬起头看看您,神情是那么的专注,我又赶紧低下头。窗外的小鸟叽叽喳喳地叫着,绿油油的树叶在阳光下显得格外生机勃勃,您起身为我端来水果,摸摸头问我累不累。

小孩子难以将一件事坚持到底。尤其在动画片播出和小朋友来找我玩的时候,我的心已经飞离了书本,时而钻进电视,时而飞到户外。我虽没有出去玩也没有看电视,但学习效率极低。

拥有了决心和坚持，我有了更加清晰的奋斗目标，前进的动力更足。

> 这股力量安抚了年幼的我，让我有动力继续坐在书桌前认真学习。

您看出了我的心不在焉，合上书本，告诉我，如果我想出去玩或者看电视，可以先规划好学习时间。比如出去玩之前完成今天的任务。与其心不在焉，学没学好，玩没玩好，不如学就好好学，玩就好好玩。于是我强行拉回天马行空的思绪，抵制住诱惑，脚踏实地完成每天的任务。

那段时间您真的很累。白天上班，晚上和周末陪我学习，还有很多家务要做，但您从来没有埋怨过什么。您开心于我的一点点进步，即使再疲惫，面对我您也会挤出笑容，耐心地听着我叽叽喳喳说着学校里的趣事，说着我今天又学会了什么。

在您的陪伴之下，我学习更加专注认真，不敢有丝毫懈怠。一个月过后，我突然明白了那些数学公式和看图说话在说些什么，茅塞顿开。再面对试卷的时候，我已经从容了许多，顺顺利利地完成题目，拿到了一个不错的分数。

我永远记得下个学期的那次家长会，我拿到人生中的第一份奖状。金灿灿的奖状似乎不只是一张奖状，而是我的荣誉勋章。我的付出有了回报，这是给我的奖状，更是给您的奖状。是您的陪伴与监督让我不致三天打鱼两天晒网，助我逆袭。在您的羽翼下，我总能感受到绵密的关爱与绵长的陪伴，这股力量安抚了年幼的我，让我有动力继续坐在书桌前认真学习。

决心和坚持

高二那年的夏天，天空中挂着火辣辣的太阳，那天中午为了看小说没睡好觉的我正迷迷糊糊地趴在桌上等待上课。

上课铃响。黑板上的字在我的眼里忽近忽远，老师的声音忽大忽小。漫天的困意向我袭来，我强迫自己打起精神，但迷乱的思绪却又跑到中午的小说情节里。

下课铃响。一节课在挣扎与迷糊中过去，我努力地与走神和困倦斗争，却收效甚微。

一节又一节课迷迷糊糊地过去，一中午又一中午地读小说，我整天都处于疲惫中，学习效率很低。惴惴不安中，月考到来。我忐忑地走进考场，出考场时像霜打的茄子。果不其然，我的成绩有很大的退步。你们忧心于我的成绩，我也开始反思自己：沉迷小说既没学习也没休息好，需要自制力。最终，痛定思痛，我锁起了所有的小说。自那以后，我再也没有因为小说而耽误学业。拥有了决心和坚持，我有了更加清晰的奋斗目标，前进的动力更足，成绩也稳步提升，逆袭之路也算功德圆满。

我的逆袭算不上神话，也不惊天动地，只是一个普通人在父母的引导和支持下，从挫败走向自信，从懈怠走向坚持，最终靠自己的奋斗实现逆袭的故事。

爸爸妈妈，感谢你们！在我失落之时给予我鼓励和支持，帮助我突破自己渡过难关；在我懈怠之时为我敲响警钟，防止我浮躁堕落。你们是我前进路上的灯塔，为我指明方向，避免我误入歧途。

以后的日子里，我会更加努力，以从零开始的心态要求自己，有决心，能坚持，将逆袭之路走下去，实现人生目标。

祝爸爸妈妈

身体健康。

儿子：子铭

第33封家书

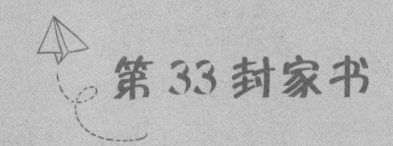

父母的态度决定孩子的高度

董子涵　高考总分：675
毕业于河北省衡水第一中学
就读于北京大学艺术学院

成绩下滑是每个学生都会遇到的问题。在成绩下滑时，父母既不能过于焦虑，也不能不管不顾，正确的做法是理性地帮助孩子分析问题、解决问题。

亲爱的爸爸妈妈：

　　你们好！光阴似箭、日月如梭，不知不觉间，二十年过去了，我已经成为一名大学生，而你们也在日夜为我的操劳中渐渐老去。女儿有太多的话想对你们说，千言万语，汇聚成一句感谢。在学习和成长的过程中，我经历过多次成绩的起起伏伏。令我印象最深的有两次，一次是我刚上高一的时候，另一次是临近高考的时候。如果没有你们的帮助和引导，我不可能渡过难关，考上这么好的大学。今天，我想借着写这封信的机会，表达对你们的感激之情。

　　高中伊始——调整适应，找对方法

　　还记得我刚上高中的时候，充满了对新生活的向往和好奇。新学校、新同学、新老师……一切对我来说都是那么的新鲜和有趣。但是，随之而来的就是突然加重的课业负担。高一入学，九门科目难度比初中大了很多，每天放学之后，我都要用很长的时间去完成作业，去消化白天讲过的内容。

　　高一的第一次月考，我的成绩就是全班倒数。要知道，我中考入学的成绩，可是班级前十名呀！我陷入了对自己深深的怀疑中。我对自己开始失去信心，没有办法很好地应对高中的学业，原本新奇的高中生活，也变得一片灰暗。

　　看着刺眼的成绩，我不知道该如何告诉你们，也担心你

稳住心态，找到原因，这样才能有的放矢，从根源上解决问题。

> 我请求你们，在平时的学习生活中能够不断地督促我、监管我。

们会因为我成绩下滑而生气。但是这时，你们好像看透了我内心的焦虑情绪。

有一天，你们轻轻地推开了我的房门，给我端上一杯热牛奶，说想要和我聊一聊。我还记得，是爸爸您先开口问我是否考试成绩不理想，我什么都没有说，抿着嘴点了点头。妈妈您看到了我的神情，我本以为会招来责备，没想到您笑着对告诉我，这是正常的现象，没有人能一直遥遥领先，只要我找到成绩下降的原因，然后有针对性地解决它就可以了。

看着你们慈善的目光和鼓励的微笑，我终于卸下内心沉重的负担，开始向你们诉说我真实的感受——随着学习科目的增多、学习任务的加重，我有时候感觉到力不从心，特别是时间分配不过来，总是感觉到一件任务赶着另一件任务，结果每件事都没有做好。我每天都很努力，学习到深夜，但是学习效率不高，学习效果也不明显。

听了我的话，你们提醒我是不是没有找到适合自己的方法。你们提醒的很及时。的确，我没有自己的方法体系。我总是看着别的同学是如何学习的，然后模仿，但其实并不是每个人的方法都适合我。这样不仅浪费了自己的时间和精力，而且成绩不升反降。

那天，我和你们聊了很多、很多。最后，我请求你们，在平时的学习生活中要不断地督促我、监管我。虽然我总是告诉自己要珍惜时间、好好学习，但有时候也会忍不住被别的事情分散了注意力，产生贪玩的念头和想法，不能很好地完成学习任务。你们欣慰于我的自知，也表示非常愿意配合。

之后，我每周都把自己的作业和学习任务告诉你们，以便于你们能够检查我的进度，监督我保质保量地完成。我也在学习中主动地、有意地去探索、总结适合自己的学习方法，而不是一味地模仿别人。渐渐地，我开始跟上了高中学习的进度，就好像打通了"任督二脉"，学习起来比之前轻松多了。成绩自不必说，也有了很大的提升。我心里非常高兴，你们也是。

现在的我，已经是一名有自主学习能力的大学生了。但我依旧十分感激你们在我学习路上给我的这些指引——不管是学习方法、学习心态，还是学习习惯，你们的帮助都让我感到力量倍增。如今回想起来，我对自己的成绩下滑有些忧心，你们又何尝不是呢？但你们仍然能以微笑鼓励我，让我在灰暗的日子里收获来自家庭的温暖。

高考前夕——稳住心态，坚持到底

高三时，整个班级的学习氛围都很浓郁，学习节奏也明显加快。此时，新课都已经学完了，主要的时间都是在复习和巩固上。但是到了这个节骨眼上，我的成绩又开始起伏不定。高考一天天临近，我心里非常着急，但是又找不到太好的方法，心理压力非常大。特别是在每次考试之前，甚至会紧张得睡不好觉、吃不好饭。这样就形成了恶性循环，我越是焦虑，成绩就越差。

这次，是我主动求助于你们。我主动向你们说了我最近遇到的问题，以及自己内心的紧张和焦虑。你们一边心疼我学习的辛苦，一边帮我想办法。

一方面，在爸爸您的提醒下，我找出近几次考试的试卷，然后你们带着我一起逐个分析每道错题和每次影响考试成绩的因素。最后的分析发现，失分最大的原因竟是我的粗心大意，总是容易在细节上掉链子。比如数学题的小数点标错了地方、语文题的选项填错了、英语有一个字母忘记写了等等。正所谓"当局者迷，旁观者清"，我自己考了多次，同样的错误犯了又犯。而在你们的帮助下，我一下就发现了，原来，我有这么多可以去改进的地方！我把这些点都记在了笔记本上，时时翻阅，以提醒自己，下次不要再犯。

另一方面，你们积极带着我疏导心态，放松心情。还记得那时，每天晚自习结束后，爸爸您都会带着我去跑步、锻炼，帮助我在一天的紧张学习之后放松自己。而妈妈就在家里帮我准备好水果、牛奶、鸡汤等各种各样的营养食品。你们也会经常找我聊天，问问我最近的学习情况，或者分享一些生活中的趣事，帮我缓解压力。慢慢地，我发现自己的身体变得轻快起来，晚上失眠的现象也很少出现了。俗话说"身体是革命的本钱"，有了健康的身体之后，我感觉自己学习的劲头都提高了不少，学习的效率也得到了很大的提升。在之前的考试中，我时常会出现头脑不清楚，或者浑浑噩噩的情况，但是后来，我发现我的思维变得更加敏捷，大脑也运转得更快了。

> 我感觉自己学习的劲头都提高了不少，学习的效率也得到了很大的提升。

在后来的月考考场上，我明显感觉到自己的状态比之前好多了，下笔也有了更多的自信和从容。当把试卷交上去的那一刻，虽然成绩还没有出来，我就已经知道自己这次一定会有进步。果不其然，我的成绩开始慢慢有了起色。这样的进步对我来说具有很大的意义，本来对高考充满担忧的我，开始重拾信心。就这样一鼓作气、坚持到底，我最终也在高考中取得了不错的成绩。

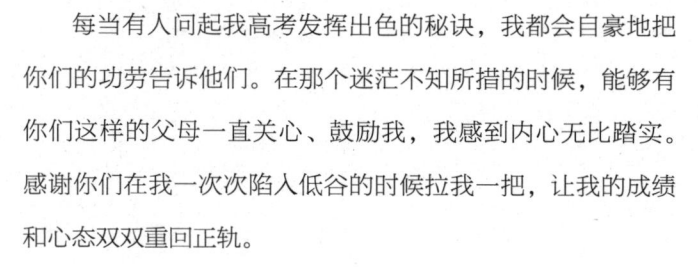

每当有人问起我高考发挥出色的秘诀，我都会自豪地把你们的功劳告诉他们。在那个迷茫不知所措的时候，能够有你们这样的父母一直关心、鼓励我，我感到内心无比踏实。感谢你们在我一次次陷入低谷的时候拉我一把，让我的成绩和心态双双重回正轨。

亲爱的爸爸妈妈，回想起往事，你们是否也跟我一样，充满了感慨呢？我写下这些事情的时候，心里一直想着，真是多亏了你们的帮助，不然，我不可能从考试失利的挫折中这么快地爬起来，重整旗鼓。现在想起来，成绩下滑真的是再正常不过的事情了，也没什么大不了的。但是这并不代表我们不需要重视这个现象。最重要的是稳住心态，找到原因，这样才能有的放矢，从根源上解决问题。幸好，我已经渡过这个难关，成功上岸。当然，日后的人生中，也会有各种各样的起伏，我会带着你们给我的这份温暖和支持，坚定地继续走下去。

爸爸妈妈，谢谢你们！

祝

身体健康、工作顺利！

女儿：子涵

第 34 封家书

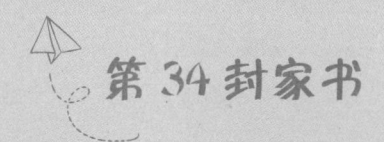

两个方法，
让孩子做到高效学习

邱梓晟　高考总分：644
毕业于江西省赣州市南康中学
就读于考入清华大学社科学院

高效学习不光是指在学校的状态，在家里是否也能高效学习也极其重要。虽然父母辅导的角度和理念千差万别，但孩子进入高效学习的路径却是共通的。

亲爱的爸妈：

你们好！

从高中毕业离家到北京学习已两年有余，离家千里，每年都只是几日短短的相聚，但你们对我从小到大的培养和教诲却影响深远。那些教诲现在看虽然浅显，但当时却让我受益匪浅，从不太爱学习到高效学习，你们是我学习前进路上的引路人。这段时间，我面临很多挑战和压力，甚是想念你们，回顾以往，有许多话想要对你们说。

田间体验与小红花制度

小学的时候，我也曾经沉迷于手机游戏和小说的世界。那时候刚接触手机，非常新鲜，对其中的游戏也毫无抵制能力，一有时间就抱着手机玩。这导致的直接结果就是在学习的时候越来越静不下心，总是想一边学习一边玩手机，效率直线下降。你们看在眼里，急在心里，既怕耽误我学习，又怕单纯粗暴地不让我接触手机会适得其反、引起反弹。于是你们采取了一个"狠招"，让我去田间地头"锻炼锻炼"。那个时候家里还种着几亩地，本来农忙的时候，机器可以方便收割，但是那几天硬是拉着年幼的我上了地头，帮忙割稻子搬运。从没有干过这些农活的我开始还非常兴奋，但在烈日下很快就坚持不下去了。回到家，我开始跟你们哭闹，这个时候，你们也觉得时候到了，于是顺势跟我"约法三章"，具我总是会在心中暗暗给自己打气，为了自己，也为了您和爸爸，我也要努力用功。

> 如果没有你们的"约法三章",我或许还沉迷于手机;如果没有你们奖励的小红花,我可能不会愿意主动学习。

体内容我已经忘了,但大概内容是:一是除非我好好学习,不然既不给我看手机还要我干活;二是在保证学习任务完成的情况下,允许我玩手机;三是要时常反省自己的学习状态。经历此事后,我突然意识到学习的重要性,对于手机也突然不那么入迷,学习的时候也更能够集中精力。虽然我当时对你们有所怨言,但现在对你们唯有感激。

从那次田间"体验"之后,对于学习我不再有任何的不情愿,与此同时,你们也尽力给我提供良好的学习空间,帮助我提高效率。比如,你们从来不会在我学习时,大声说话,尽量给我创造安静的学习环境,也正因为如此,我的学习效率有了很大的提升。

除此之外,你们的小红花制度也是促使我好好学习、高效学习的最初动力。你们可能不相信,小时候的小红花竟然有这么大的影响。我记得当时在家,你们会仿照学校的考评表给我做一张大表,每次考得好、有进步或者在其他地方做得不错的时候,你们都会奖励我小红花。每次拿到小红花,我都无比开心,也经常数一数自己拿到了多少小红花。你们的小红花让小学的我更有积极性去学习,当然了,现在用小红花"诱惑"我可是没用了,但那时候给我建立起来的正向反馈机制却让我一次次地鼓足了劲去学习。

很庆幸,如果没有你们的"约法三章",我或许还沉迷于手机;如果没有你们奖励的小红花,我可能不会愿意主动学习。

请外援助力学习

初二,那是我最难缠的时期,正处于叛逆期的我渐渐地听不进你们的话,对于学习我也开始有了自己的想法,总是固执己见。但这也难不住你们,你们搬来了外援。

我有一个从小跟着玩的表哥,他学习成绩优异,在我初一的时候就考上了大学,之后就很少见面了。但是一天中午,这位表哥却突然出现在家里。原来是趁着他假期回家,你们把这位表哥请过来给我辅导开解。见到表哥的我异常开心,跟着表哥问东问西,表哥也非常耐心地回答了我的疑问,他用手机相册中的图片给我展示了大学的生活和校园风光,给我讲述他的大学趣事;同时也拿出我的课本,一个科目一个科目地询问我的学习进度和状态。针对每个科目,表哥还把他当时学习的秘诀传授给我,那时的我拿着本子记得可认真了。在之后,每当我迷茫的时候,你们都主动找到表哥给我答疑解惑。

我印象最深的,就是表哥的言传身教了。尽管上了大学,表哥依然有很多学习任务要完成,他来我们家的时候,也随身带上了自己要做的作业。但是,他不会一学就是一整天,往往更多的时间是陪我一起玩,而学的时间却很短。学习的时候,他会把自己关在书房里,把手机留在外面。有一次我问他为什么能在很短的时间里写完作业,他笑了笑,告诉我学习不在时间长短，而在于效率高低。

> 我问他为什么能在很短的时间里写完作业，他笑了笑，告诉我学习不在时间长短，而在于效率高低。

听到表哥的一番话，我恍然大悟。初中的我慢慢地掌握了各科学习的技巧，也初步掌握了高效学习的门道。感谢表哥，也感谢你们。感谢你们始终的陪伴，甚至是我态度那么不好也从没中断，你们想尽办法地寻找能帮助到我的资源，不只是表哥，还有阅读的书籍也从没断过，独立的学习空间也为我尽力维护，在你们的支持下，我才能在初中度过那段迷茫期，成功地考入重点中学。

高中篇

高中三年，真的感觉是一眨眼的工夫就过了。但这三年，你们为我付出了太多太多，考上高中之后，我没想到你们会义无反顾地过来陪读，没有你们的陪读，考上清华也几乎是不可能的。每当我回想起那段时间，只想对你们说句感谢。

妈妈，在这里我要特别感谢您。在高三，每天不管我下晚自习有多晚，您都等候着我，不管你有多疲惫，您都愿意陪我聊聊天，听我讲述学习中的问题和遇到的不顺心的事情，虽然您无法给出任何学习上的建议和解答，但是仅仅倾听，就给了我莫大的安慰。高三一年365天，每天晚上，您都来接我回家。有时候，看着您鬓角的白发，我就忍不住有点难过，怕自己不够用功，怕自己考不上好的大学，辜负了你们的付出，而您总是慈爱地看着我，让我放宽心，您对我没什么要在你们的支持下，我才能在初中度过那段迷茫期。

求,只要我尽力就行。每当这个时候,我总是会在心中暗暗给自己打气,为了自己,也为了您和爸爸,我也要努力用功。

从小,你们就为我费心劳神,到现在虽然我已经成年长大,你们依然如故。感谢你们一直以来的付出,孩子必将更加努力进取,不辜负你们的期望。

亲爱的爸妈,祝你们身体健康!见字如面!

你们的孩子:梓晟

第 35 封家书

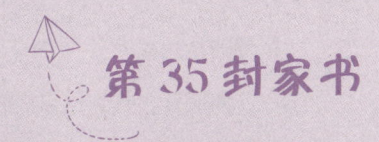

只要自己不放弃，
没有人会放弃你

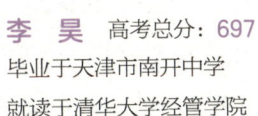

李 昊　高考总分：697
毕业于天津市南开中学
就读于清华大学经管学院

一颗心，曾跋涉千山，看天高邈远；一场梦，曾徜徉万水，不问归途。家是避风港，让我们随时靠岸。

亲爱的爸妈：

你们好，收到这封信时，请不要惊讶。

是的，这是我这么大，第一次用书信的形式和你们交流，此时我坐在清华浩瀚的图书馆里，脑海里满满的都是两个字：感恩！

首先请原谅我，这么多年来从未将对你们的爱与感激说出口，也许，这就是男孩子的通病吧。不是我们不懂事，而是对于感情我们总是太过含蓄，我们无法像女孩子那样在你们怀里撒娇，也常常没有女孩子那么细心体贴。

但是，二十多年来你们的爱，我却时时刻刻都能够感受得到。这一次，让我在书信中勇敢表达："爸妈，我爱你们！谢谢你们赋予我生命，给我一个温暖的家，你们辛苦了。"

生活中，有酸甜苦辣，有喜怒悲伤，当我取得优异的成绩时，是你们在身边鼓励我，不要骄傲，要继续努力；在我遇到困难的时候，你们更在我身边给予支持，助我度过一个又一个人生的坎坷，勇敢地向自己的目标追逐。

曾经无数个春夏秋冬，无数个日日夜夜一直陪伴我的不是别人，正是你们——我最爱的爸爸妈妈！

自己做出的决定，就不要后悔

还记得那年，当最后一朵海棠优雅地划过空中落进泥里；当斑驳的叶中传来蝉不知疲倦的吟唱；当头顶温和的日光变成火辣的骄阳；当课桌上的试卷越摞越厚，墙上挂着的日历越撕越薄，夏天到了。初中毕业那天，我们送给母校"由此向，及远方"的铜牌被镶嵌在了教学楼的墙壁上，我的内心也暗暗埋下了向往远方的种子。

终于，我考上了南开中学，但是妈妈不同意我去天津上学。您的理由很充分，即使不去天津，就读家门口那所全省最好的实验中学，将来大抵也能考上一所不错的高校；从小看着我长大的外公外婆也极力反对我远走他乡——因为这意味着他们一年中可以见到我的次数寥寥无几；表弟则哭闹着说还没有和我玩够……

这所有的理由几乎让我无法反驳，我也不太想高中就离开家，到那么远的外地去上学，不太想这么早就离开自己的舒适区，但心中总有一种声音、一种感觉，撺掇着我到外面去闯一闯，我不想失去这样一个机会，但家人的反对让我几乎看不到独行的希望。

这时候是爸爸，您站了出来，您把我拉到一边，告诉我想好之后再做决定，一旦决定了就不要后悔。

我听了您的话，认真地点了点头，一字一顿地说："自己做出的决定，我不会后悔！"

于是您向我保证，只要我下定决心不后悔，妈妈和外公外婆的思想工作您来做。

就这样，十五岁那年，我独自坐车一路北上，来到了一座陌生的城市。

考上大学之后再回想起这些，爸爸，您的支持给了我相当大的信心，说实话如果那时所有的家人都反对，我是否能够坚持自己的想法还是个未知数，但正是您对我的支持，仿佛给我吃下了一粒定心丸。我想，对于孩子而言，大多时候更需要的是家长给予他们支持、肯定他们做出的决定，而非一味地替他们做决定。

> 对于孩子而言，大多时候更需要的是家长给予他们支持，肯定他们做出的决定，而非一味地替他们做决定。

勇敢走出舒适区

"我欲乘风破浪，踏遍黄沙海洋，与其误会一场，也要不负勇往"，报到那天，我的耳机里一直单曲循环着这首《七月上》。为了锻炼我独立生活的能力，你们没有同行，而是让我一个人带着行李远赴三百公里外的天津，在家长堆里办理入住手续，自己整理好床铺，从行李箱中把带来的东西一件件码好摆在桌子上。室友的家长帮他们整理好用品后带他们一起离开了宿舍，整层楼里的人越来越少，夜色渐深，突然意识到自己现在只能住宿舍，我不自觉地鼻子一酸，强忍住泪水不让它落下来，心中不免委屈，一遍遍反问自己："为什么非要跑那么远来上学？"陌生的环境，陌生的同学，第一次离开自己的舒适区让我颇感不适应。想家，尤其是在夜色渐深的时候。

于是我拨通了家里的电话。在电话的那头，你们鼓励我去找新同学聊天沟通，而我说和同学不熟悉。为了开导我，你们说人与人交往，都是由不熟悉到熟悉的过程，交流多了，了解多了，自然就成了朋友。老朋友固然重要，但是要学会交新朋友。

听了你们的话，我开始尝试去交新朋友，尝试着与人相处。就这样我开始慢慢适应新环境。我来到宿舍，在与同学的交谈中，发现其实大家的内心都像我一样孤独、想家，只是很多人还没有鼓起勇气去交新的朋友。

世界上有太多孤独的人害怕踏出第一步。当勇敢地踏出了独立生活的第一步，也就开始了成长。

我明白自己总要面临成长，面临离开家的那一天。当刚刚离开了舒适区，来到一个陌生的环境，想家是不可避免的，这时你们的引导对我建立起足以独立生活的自理能力尤为重要，此时的我就像是一个风筝，该放手的时候，就要适当放手，因为只有放手，不断地拉长牵着风筝的线，风筝才能越飞越高。

努力到连自己都能被感动

生活中，总会有迷茫和低谷，你们在我迷茫的时候给我指明方向，在我处在低谷时，给我信心和力量。

还记得高二那年的六月，酷暑，炎热难耐。由于各种原因，那段时间我陷入了情绪的低潮期，学习的动力也略显不足,加之在临近期末考试时,大腿下侧长了一个脓包,不小心压到就会觉得格外难受,考前一晚只能趴在床上休息,无法翻身。或许是因为腿上的疼痛,又或许是因为临考的紧张,辗转反侧,难以入眠。我十分担心刺骨的疼痛会影响到考试状态,甚至担心会因此在考场里疼得无法入座。

连日来积累的负面情绪在你们关切地询问我学习情况时瞬间爆发了出来,还记得我丧气地对你们说自己不想去参加期末考试了,然后,便低头玩起了手机。

当时你们什么都没说,过了一会儿,妈妈您端来一盘削好的水果静悄悄地放在我身旁的桌子上,果盘旁放着一张您手写的便笺条,上面写道:"聊天时,我们总会不由自主地谈及理想,想去哪个大学,有着怎样的志向。尤其在自认为任务完成得已经够多了,或者不想再用功的时候,总会去天马行空地想那些关于未来的问题。但你可曾想过,当你的思绪天马行空的时候,当你放下书本玩手机的时候,当你抛下作业开心地和大家闲聊的时候,那些你心里羡慕的、优秀的人,他们会怎么做?他们一直在努力,始终没有松懈,所以,他们自然更加优秀。只要你自己不放弃,没有人会放弃你。"

看完这些,我的眼眶湿润了,我想起了尼克·胡哲写给自己的信中的一段话:"每一个优秀的人,都有一段沉默的时光。那一段时光,是付出了很多努力,忍受了很多的孤独和寂寞,不抱怨不诉苦,只有自己知道,而当日后说起时,连不断地拉长牵着风筝的线,风筝才能越飞越高。

自己都能被感动的日子。"能决定我未来命运的,只有我自己,任何的自暴自弃都是不可取的。剑未佩妥,出门已是江湖,但因为有爸爸妈妈你们的支持和鼓励,让我不至于一入江湖就深陷其中。

高三,拼了!但愿一年之后,能涅槃重生。

或许是青春期,又或许是叛逆期,高中时期的我们内心敏感,总会有一个又一个怀疑自己的内心情感低潮期,那个时候你们的正面引导起到了至关重要的作用。尽管这个阶段的我们可能并不愿意向父母敞开心扉,但是细心的你们悉心留意着我在生活中的一举一动。一切的自暴自弃都是有原因的,感谢你们没有不弄清缘由就对我加以斥责,感谢你们小心呵护、陪伴我走出这段阴霾。

无论进退,皆有欢喜

海棠花开了又落,浓荫的树叶上再度传来鸣蝉的聒噪,夏日又至,高考也一天天地临近。进入最后的冲刺阶段,面临高考的重压,每个人几乎都会表现出坚强的一面,但难免内心脆弱,任何小的挫折都有可能引起内心的极大波动。

毕业前夕,清华招生组的老师在与我单独谈话时曾不止一次地表示,在综合评价招生中我将会获得一个不错的等级评定,这也意味着我有很大的概率在参加考试之前就能拿到一定的降分优惠,加上对历次月考成绩的信心,我内心认为

> 能决定我未来命运的,只有我自己,任何的自暴自弃都是不可取的。

降分的事已经板上钉钉了。

但没有意外，怎能称得上生活。当初审结果评定出炉的时候，我发现自己并没有得到预想的等级评定。看着周围曾一同参加过谈话的同学纷纷通过初审，我逐渐变得沮丧、焦虑甚至颓废，巨大的落差让内心翻江倒海。

但，是你们的鼓励和支持让我重新振作了起来，我也清楚在这关键时期良好的心态和强大的内心有多么重要，其实境遇也没有想象中那么不堪，彼时的我，依然手握清华大学的"良好"等级评定，依旧有很大的机会拿到中国顶尖高校的入场券。

记得父亲在评定结果出炉后是这样安慰我的，很多时候我之所以感到焦虑，是因为我习惯把生活中的每一件事都当作一场比赛，放到赛道上去和别人较量，但其实，不是每一件事都是一场比赛。鱼和熊掌不可兼得的道理我都明白，但当真正需要选择时，总会贪婪地都想要。其实在以后的日子里，找准自己的赛道才是最重要的，不属于自己的，能够勇敢放下，属于自己的，要坚持下去毅然前行。无论进退，皆有欢喜。

三天后的毕业典礼，毕业生和家长填满了能容纳将近两千人的大礼堂，高三的各项表彰也会在这一天发放。"天津市优秀学生干部，李昊"，当主持人宣读属于我的荣誉时，坐在二楼的你们一定听得很清楚吧。这天晚上，我更新了许久未变的QQ个性签名——"乘风好去,长空万里,直下看山河"。

生活就像通向桃花源的那个洞口——"初极狭",但总是"仿佛若有光",复行数十步,便豁然开朗。我不知道未来是什么样,但总觉得它隐隐约约透着光明。

生活,未来,高考,仿佛若有光。

爸爸妈妈,我特别想说,谢谢当我遇到挫折,或是在学校的考试中取得的成绩不理想时,你们没有苛责我,从小到大都没有把"别人家的孩子"作为标杆常挂在嘴边,因为你们知道这时的我,更需要的是安慰和陪伴。

一颗心,曾跋涉千山,看天高邈远;一场梦,曾徜徉万水,不问归途。爸妈,你们的爱,就像一杯茶,把苦涩保留在心中,散发出来的都是清香。

亲爱的爸爸、妈妈,你们辛苦了,感谢你们用自己的身躯为我遮风挡雨,撑起一方晴空;感谢你们吞吐着我的委屈,包容着我的过错,做我的坚强后盾;感谢你们无私地为我付出那么多。

在以后的日子里,我愿用我的懂事让你们少添白发,用我的行动带给你们欣慰,用我的孝心带给你们快乐。

祝爸爸妈妈
身体健康,工作顺利!

你们的孩子:李昊

第 36 封家书

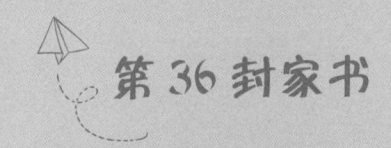

科学有用的记忆方法

马开颜　高考总分：703
毕业于河北衡水中学
就读于北京大学医学部

"学过就忘""一记就混"是所有孩子学习路上的拦路虎，但记忆技巧是在后天形成的。通宵背诵的努力很容易付之东流，记忆的路上需要适时停下脚步回头看看……

亲爱的爸妈：

你们好！

每当翻开书本，徜徉于知识海洋，我都可以不断地将内容放入属于自己的记忆宫殿。这种技能辅助我在学习中一路披荆斩棘，帮助我进入理想的大学学习。而这种记忆技能的来源，恰恰是你们的帮助和指引。是你们带我走出"一记就混""学过就忘"的窘境，是你们不断地"见缝插针"帮我加深印象，也是你们教会我"按图索骥"在心中描绘属于自己的记忆地图。我所有的记忆技巧都离不开你们的坚持与帮助，感激之情难以言表，以此信略表心迹，同时与你们一同回味我成长之路的美好。

制订计划进行记忆

你们还记得我初中时候的样子吗？还记得刚上初中时，学习内容陡然增多。科目多、任务重，背诵任务几乎压得我喘不过气。那时候我几乎夜夜难眠，通宵背诵，可总觉得文言文晦涩难懂、数学定理过于抽象、英文单词没有规律、政治历史包罗万象……你们还记得我那次由于背诵不过关被老师批评的事情吗？即便是前一天我真的已经尽力，可还是没能默写过关。当天我的心情瞬间跌落谷底，连日以来的情绪最终爆发，狠狠地摔门发泄，埋头痛哭。

"我年轻的时候更是记不住东西，总是通宵背书只会熬坏身体的。"那一天是妈妈您温柔的安慰，轻轻地安抚，让我逐渐恢复了平静。

我压抑住自己的情绪，委屈地向您倾诉。我明明已经"笨鸟先飞"，却在紧张的时候还是什么都想不起来。您摸了摸我的头，心平气和地告诉我，往前飞没有错，但也要适时停下来回望来路。在您的提醒下，我们一起制订了一个计划，当天先背诵前两段，这是先形成短时记忆。等到第二天，再背诵新的段落和复习前一天的内容，这是不断重复加深记忆。您还鼓励我，让我先把计划执行下去，两周之后再看成果，一定会发现自己有很大进步。

> 直到今天我仍然保持着做计划的习惯，这将成为陪伴我一生的宝贵财富。

我当时半信半疑地拿出纸笔，和您一起制订了学习背诵计划。还记得您对我多次强调"每天都有新内容是不错，但是每天都要复习一周前的内容才是聪明的"。按照计划，我每天既能获得记住新知识的新奇感，又能在回顾旧内容中增强自信心。两周之后，我终于走出了"背完就忘"的窘境，自信地开始新阶段的学习与生活。我也逐步摸索出自己的遗忘曲线，发现我的短时记忆可以维持两天左右。以后的学习生涯中，我都在根据自己的记忆特点制订合适的计划。直到今天我仍然保持着做计划的习惯，这将成为陪伴我一生的宝贵财富。

巧用碎片化时间记忆

在我心中，爸爸您一直都是"炫娃达人"，其实到多年后的今天，我才逐渐明白您的"小心机"。爸爸还是个"问题大王"，我也是以后很久才发现这些问题都是您精心为我准备的"复习题"。接送我上学的路上承载着我们之间的美好回忆。

记得有一次，回家路上您考了我"诗佛"和"诗仙"分别是谁，我毫无压力地回答出来了。随后，您又问了我"诗鬼""诗圣""诗魔""诗侠"分别是谁，这可难住了我。您叫我自己查书复习，第二天讲给您听。就在您的"哄骗"之下，我又完整地复习了一遍关于诗人称号的文学常识并在第二天上学的路上给您讲了一遍。您总是"见缝插针"地帮我复习之前学过的内容，并用问答和讲解的模式潜移默化中提高我的自信心。还记得"千树万树梨花开"这句诗吗？那是我们在冒雪上学时复习的。《春江花月夜》和《琵琶行》是我在等吃饭的时候和您在厨房一起背过多次的。您虽然对理科知识不甚了解，但也"故意"在做饭间隙询问我厨房有哪些能用所学知识解释的现象。您说过："永远不要小看空余的间隙，把碎片化的时间化零为整很重要。永远不要让自己觉得时间难熬，见缝插针也是有意义的。"这些话一直烙印在我的脑海里。

后来我渐渐长大，您早已不再接送我上学。尤其是在外出求学之后，我与您也总是聚少离多。但我在通往教室的路上、吃饭排队的间隙，总是习惯地在心里复习一下学过的知识，或默背一首诗词，或默默给自己讲解一下数学题的常用

每一次串联知识的过程都是一次新的记忆锻炼之旅。

🌸 学习的秘密

> 您不仅激发了我记忆的兴趣，也教会了我碎片化记忆的好方法。

解法。我经常利用这种方法在碎片时间对已经背诵过的内容进行检测，捕捉到漏洞后立刻查漏补缺。我甚至为自己量身定做了记忆小卡片，卡片上记录了自己容易遗忘的知识点，一有空闲时间我就赶紧看几眼，记一记。回想起这些记忆的时光，我心生许多感慨。或许，我记忆习惯的养成，就来源于爸爸您从一开始的"连哄带骗"吧。您不仅激发了我记忆的兴趣，也教会了我碎片化记忆的好方法。这些帮助让我受益匪浅。

合理联想，形象记忆

爸爸妈妈，你们一定也不会忘记我高中时那段难熬的奋斗时光。高中的知识量大，复习时间紧迫，高考的压力无时无刻不让我神经紧绷。幸运的是我的记忆技巧集你们二位的智慧，助我轻松应对这段时光。妈妈您的"把记忆内容形象化并和生活中的事情联系在一起"和爸爸的"要记就记一串"共同形成了我的记忆地图。还记得我高三的时候向你们抱怨："人文地理的主观题总是答不全所有角度，明明每个角度我都能记得住的。"

妈妈，您告诉我，需要把知识形象化、让知识动起来，这样才不会遗漏采分点。您以"为什么某种植物在某个地区生长得好"为例，拿起笔在纸上开始作画：我说"光照要好"，您在纸上画了一个简单的太阳；"人们精耕细作"，您接着画上了简笔小人;"有水源",您赶紧用波浪线代表小溪流……就这样一步一步,您完成了"植物生长秘密"的图画。我记得您跟我说:"记住这幅图,你就记住了所有植物生长好的秘密了。图虽然丑了点,但是不是比一个个的文字形象多了!"

我惊奇地发现,刚刚闭上眼睛,这幅"名画"已经浮现在我的脑海。从此以后我也开始了自己的"创作生涯",把枯燥的知识点变成一幅幅生动的图画。后来我还在您的方法上进行了创新,编儿歌、融合故事、结合自己日常所见的事物,把零散的记忆结合在一起。

爸爸这和给我讲的"要记就记一串"是一样的道理。当我被英语单词、历史事件等碎片化内容折磨得痛苦不已的时候,您总是对我说:"理一理思路,把相关的都放在一起记才好。"您说过,记忆就像收拾皮箱,把物品乱七八糟地摆放在里面,皮箱能装的东西是有限的,找起来也十分复杂。可是当我们把东西分门别类地整理好,放整齐,皮箱里的空间就显得更加充足。

爸爸,您的话让我醍醐灌顶,我意识到记其他的东西也和老师说的记英语单词一样。记单词的时候最好把动词、名词、形容词、近义词以及各种变形一起记。那记历史事件的时候可以把相类似的事件放在一起,记物理公式的时候可以把所有的变形都放在一起。后来,我结合了你们两人的方法进行记忆，记得越来越快也越来越准确。每一次串联知识的过程都是一次新的记忆锻炼之旅。在考场上遇到难题，我也可以用最短的时间调动起所有的记忆，迅速以多条线索搜寻可能的答案。

  每次想起这些，我的嘴角都会泛起一抹笑容。记忆是贯穿每个学生学习生涯的一大关键环节，很多人花了很长的时间也没有找到适合自己的高效记忆方法。我很幸运，从你们身上学到了这些有用的记忆方法，谢谢你们。

  多年后的今天，我坐在燕园里，脑海中浮现着属于我们的美好回忆，幸福与感激萦绕在我的心间。带我脱离窘境的"制订计划法""见缝插针"记忆复习法以及你们的"联想记忆法"都让我终身受益。几经风雨，我也如愿进入理想的大学。未来我会坚持良好的习惯，向着光明的前途继续努力，以报答你们的养育与教诲之恩！

  祝爸爸妈妈

身体健康，一切顺利！

你们的孩子：开颜

第 37 封家书

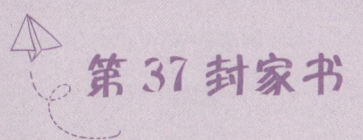

家长正向反馈，
孩子才有勇气坚持到底

徐丽博 高考总分：627
毕业于黑龙江省穆棱市第一中学
就读于北京大学外国语学院

三分钟热度也许是很多家长摇头评价自己孩子的话语。但合理的引导方式、过程中的正向反馈能够克服孩子秉性中活泼不专注的部分。

亲爱的老爸：

您好！

要说让您给我列个优点名单，您可能会"哼哼"鼻子，努努嘴，不情愿地夸上我一两句，但是说到我的缺点，您肯定唠叨一大箩筐！我猜，排到最前面的，肯定就是"做事三分钟热度"。

但是老爸，您可小瞧我了，来到大学，我长期坚持下来的事情可不少呢！就拿游泳来说吧，我整整坚持了三年，现在学校游泳馆的工作人员跟我称兄道弟，看到我的泳姿都会连连称赞。小时候我想学一项特长，您老拿我做事没长性作为拒绝我的理由。今天，我要说说那些让我小纠结、小委屈好久的陈芝麻烂谷子的"小事"。

关于我"三分钟"热度的事例

小时候您和妈妈带我去参观一个画展，当时我看上一幅画：丝绸上摆放着香蕉、苹果和梨，明明是用黑白的铅笔画的，但我却感受到了那丝绸质地的光泽和水果们的芬芳，简直是太神奇了。那一瞬间我就对绘画产生了浓厚的兴趣，央求去学习绘画。

从小我晃晃悠悠玩着长大，好不容易有感兴趣的事情，您可高兴坏了，然后非常爽快地送我去上兴趣班。我跟着老师学了三个月，差不多算是入门了。那位老师十分亲切，在从小到大，我学习能够一直保持名列前茅，与这种掌控感和成就感的形成是密不可分的。

初学阶段基本会手把手地教我如何构图，如何定调子，所以我消化理解得非常好。

但后来我换了一个老师，换了一个班级。在那个班上，许多与我同龄的孩子绘画水平都比我高很多。新的班级中学生特别多，老师只会指点几句，剩下的时间都只能自己孤孤单单地画。老师让临摹了数篇画作，我画得都不是很好。印象深刻的一次，老师让画一个略有瑕疵的三棱锥，我看着上面的磕痕，感觉自己就是这个可怜的三棱锥。临摹的时候，与其说是绘画，不如说是发泄，在白纸上倾泻着自己的情绪，笔触粗糙而愤怒。画完那只三棱锥，我再也不愿踏入那个班级，您也没辙，气得直说孺子不可教。您可知，当时我心里是真的很委屈。

另外一件事情是学笛子。我看了某个视频，觉得学笛子特别帅气，便央求您给我买了一支竹笛。但是乐器班的费用一般都比较高，所以您直接找了一个系列教学视频让我学。视频画面非常粗糙，授课老师表情跟扑克牌似的，第一课就讲许多艰深的乐理知识，这我哪里听得懂，自然一会儿就没兴趣了。还有我想学英语，也是在网上跟着视频课程学了几天就不了了之。

对于要做的事情产生掌控感和成就感

老爸，您想过我为什么突然就不想学素描了吗？我后来仔细回想了下——我觉得，是因为我失去了对于绘画这件事情的掌控感和成就感。在原来那个班级里，老师每个月开始时，就清晰地把这个月要学习的内容告诉学生。我知道这个月要学习哪些几何体、要学习哪些绘画理论。但是另外一个班级的老师只会让我们临摹，很多时候我找不到感觉，也画不出例画上的质感，再加上老师一两句皮毛的指点，自己也不是很理解，久而久之就丧失了"我能够画好"的自信。第一个班级是按照学习程度进行分班，我一直都是入门班的佼佼者。但是第二个班是不同学习程度的学生混杂在一起，有很多与我同龄，但起步较早、功底和水平远高于我的，我就会难以遏制地灰心丧气。

> 您常说，长大的过程，就是不断了解自己的过程。

其实，从小到大，我学习能够一直保持名列前茅，与这种掌控感和成就感的形成是密不可分的。先是通过一些正向反馈，养成能够学好课堂内容的自信，从而形成学习的掌控感。然后在这种良好掌控感的驱动下取得在一个群体内相对来说更好的表现，形成成就感。成就感进一步带来正向反馈，形成一个良性循环。

您常说，长大的过程，就是不断了解自己的过程。我发现，自己的臭脾气就是要看着自己比别人厉害，才愿意学更多的东西。

正确的入门和引导非常重要

笛子和英语,学习它们本身也是一件很有意思的事情,但是为啥我却没有坚持下来呢?我琢磨着,应该是因为我入门时接触它们的方式很艰深、很无趣。

我那时六岁,看的是新概念英语的教学视频。那个视频的受众应该是初中生以上吧,用词也非常专业,我记得当时不理解派生词的含义,一直都在想是什么意思,身边也没有能够点拨的老师,这个疑问居然让我一直惦记到初中才在课堂上解开。班级上有不少同学曾上了补课班,据他们所说,老师上课会准备动物卡片、水果和玩偶之类非常丰富的教学用具,通过接龙、唱歌和游戏的方式学习英语。我可羡慕坏了,对于他们来说,英语学习就和体育课解散之后的游戏时间一样快乐。

还有那个笛子教学视频中的老师,穿着彩色的西装,站得笔挺,模糊的画质让人看不下去。第一节课就从中国民乐器的泱泱历史讲起,把我搞得云里雾里、不知所谓。对于儿童来说,学习演奏一首自己感兴趣的儿歌肯定要比先学习民乐历史更容易激发学习的热情。

十岁学20世纪的音乐教程视频,六岁看新概念英语视频,老爸,我现在有点埋怨您了,您也太高估您家闺女了。修行在个人之前,需要师傅领进门不是,我绝对怀疑您带我"进门"

一鼓作气,再而衰,
三而竭。

的方式有问题。

放弃英语的另外一个原因是您给我设置的高强度任务。我猜您当时应该是抱着"一鼓作气,再而衰,三而竭"的心态,总害怕我会学着学着就放弃,便想着一开始能学多少就学多少,给我规定一天学习五课的任务量!这也太多了,放到现在我都不一定能坚持下来。这么高强度的学习任务,放弃英语学习,那简直再正常不过。

老爸,女儿的一大堆碎碎念,您看了是笑是气呢?我知道,老爸把我一路抚养长大,真的是非常辛苦。回想起来,我放弃每件事时,您沮丧的情绪比我还强烈。您之所以说我三分钟热度,也是爱之深责之切吧。

现在我已经长大,开始了磕磕绊绊的独立生活。我在尝试着了解自己,了解我们的相处方式,也摸索着找到了一些让自己长期坚持某件事情的最舒服的方式。我也常常在咀嚼您对我的教育,正如您所说,您对我的教育方式并不是完美的,但是您尽量给我最好的。我有时也会焦虑——未来我的孩子,应该如何教育。您的一整套教育指南,我用人生的前二十年已经亲身体验,希望在以后,我也能悟出育人智慧,用能做到的最好方式去教育我的孩子,老爸,您期盼吗?

祝老爸

身体健康!

您的女儿:丽博

第 38 封家书

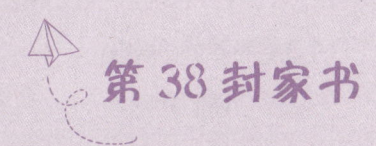

培养孩子考入清华的秘诀

伍廉荣　高考总分：609
毕业于江西省赣州市南康中学
就读于清华大学社科学院

我能考上清华大学，一半的功劳都要归功于我的父母。虽然他们没有直接帮助和辅导我的学习，但是他们为我提供了力所能及的一切，并且在几个关键点上对我的帮助尤其大。

亲爱的爸爸妈妈：

你们好！

进入大学已经有好几年了。回想起当年考入清华，还是想对你们道一声迟到的感谢。我能考入清华大学，跟你们的指导帮助是密不可分的。

兴趣和驱动力

在我上小学的时候，你们就告诉我："兴趣和驱动力是持续学习的强大动力，缺少这两点，学习就是一件枯燥、乏味且令人痛苦的过程。"虽然那个时候的我并不明白这句话是什么意思，但是我知道你们希望我对学习产生兴趣，希望我成为一个爱学习的孩子，然而那时的我，对学习并没有多大的热情。

没有哪个孩子不贪玩，我也是一样。我并非天生就爱学习，但是我从小就喜欢一些稀奇古怪的科学现象，我想知道下雨打雷刮风是为什么，我想知道那些电视上播放的内容是什么东西，我喜欢许多看似与学习无关的一些百科类的知识。那时候，你们就常常带我去新华书店，让我自己去挑书。类似于《十万个为什么》系列的科普书籍，我都看遍了。在老师的眼里，这些都是些"野书"，但爸爸妈妈你们并不反对，也正是这些"野书"，让我对课本基本没有什么恐惧之心，对新的知识也很乐于接受。也是因为对这些"野书"的兴趣还让老师对我有了额外的关注。还记得在我四年级的时候，我跟语文老师无意间提到我喜欢的书目和类型，老师当时很惊讶，第二天竟然给我带来一本《资治通鉴》。因为是老师特意给我的书，所以我当时带回家看得津津有味。回想起来，真的十分感谢你们在我小时候对我的兴趣爱好的鼓励甚至纵容，这对于我建立一个良好的学习兴趣功不可没。

兴趣只是我开始学习的第一步，你们知道一旦我在学习中遇到困难和倦怠的时候，就需要一些激励或者说正反馈机制去驱使自己克服。这种驱动力，也有两个维度，一个是内在驱动（譬如成就感、自尊感、荣誉感），另一种是外在驱动（譬如奖励、奖状）。而你们恰恰在这两个维度上都有所建树，给当时的我带来了很强的驱动力去学习。

从内在驱动来看，你们给我营造了一种"学习好是一种很大成就和荣誉"的感觉，你们高度赞赏我取得的每一次进步，也会对于我的退步给予批评，当然，鼓励常常是多于批评的。这样的做法就直观地为我建立了一个正确的学习导向。虽然这可能看起来是微不足道的，但对于当时年少的我而言，已经是很强大的内驱动力了，有效地激发了我的求胜心。从外驱动来看，就是很简单的物质激励。在这方面，你们虽然不会主动去使用物质奖励，但如果我做出了成绩，你们还是会给我一些其他形式的激励，或许是一顿美味，或许是自己心仪许久的小东西。这种正反馈的激励是能即时看见效果的，

> 这种驱动力，也有两个维度，一个是内在驱动（譬如成就感、自尊感、荣誉感），另一种是外在驱动（譬如奖励、奖状）。

学习的秘密

对于当初年少的我来说,也是培养好习惯的有效方法。

做忠实的聆听者

每一个厌学的孩子其实都有着属于自己的烦恼,但是常常会被父母忽视掉。而我很庆幸,在我对学习缺乏兴趣的时候,你们扮演了一对好的倾听者的角色,真正地了解我的学习烦恼——这和很多其他家庭的父母相比是十分宝贵的。作为父母,有很多人生经验和教训可以传授孩子,但是有些问题,你们的经验也是派不上用场的,譬如我的自尊和情感困惑等,这些情况如果我不说,你们怎能知道呢?如果不能对症,那什么良方妙药都是白费。所以,你们做我最忠实的聆听者,就显得十分重要了。

在这方面,妈妈发挥了主要作用,您常常做的一件事就是每周时不时地跟我一起"吐槽"聊天,您不会刻意地问我学习的情况或者有什么烦恼,而是跟我聊些琐事、自己遇到的问题,而我也会不自主地就打开话匣子,主动跟您说自己的情况,分享自己的苦恼,有的时候无法解决的问题,即使给不出建议,您也会抱着一种理解的态度。这种态度本身就给我一种很大的支持,有了这种理解和支持,我自己的学习态度也有了很大的改进。正是妈妈您的耐心倾听,让我的倾诉欲望得到了极大的满足,感受到了来自家庭的温暖和力量。

您的耐心倾听，让我的倾诉欲望得到了极大的满足，感受到了来自家庭的温暖和力量。

父母好好学习,孩子天天向上

学习也是需要榜样激励的,父母就是直接的榜样。有句话叫作:父母好好学习,孩子天天向上。这正是榜样力量的典型体现。

爸爸妈妈,从小到大,最值得我学习的,就是你们身上那种勤劳的精神。这么多年来,我很少见到你们懒散的样子,这就给我做了很好的示范。每天早晨,你们都会早早起床做饭,叫我起床,还会督促我晨读;假期,你们会自己读书学习、锻炼身体、打扫卫生,而每当这个时候,我也不好意思再懒散,就会打起精神来,坐在书桌前开始学习。我一直觉得,你们的榜样示范作用在我以后的学习生涯里带给我极大的帮助。

你们更是我学习上的支持者,你们常说:"在哪里跌倒就从哪里爬起来。"每次在我考试没考好的时候,你们都安慰说"哪有次次都成功",你们支持我的学业,同时也理解我的心情。

在生活中,你们遇到困难也从来没有放弃过,从你们的身上,我明白自己在困难面前该是什么样子。爸爸妈妈,你们是我永远的榜样,正是你们的一举一动,影响了我的学习态度,让我更加愿意去学习。

爸爸妈妈,很感激在我成长道路上一直陪伴、帮助我的

> 最值得我学习的,就是你们身上那种勤劳的精神。

你们,你们启发了我的学习兴趣,激发了我的学习动力,你们是我的聆听者,也是我学习的榜样。正是有了你们作为我的坚强后盾,我才能实现自己的大学梦。

  爸爸妈妈,我爱你们!

  祝

身体健康、工作顺利!

你们的儿子:廉荣

来自清华北大学子家长们的回信

家长,是一份终身的、不能退休的事业。这份事业的成功也是每位家长独一无二的人生历程。

在教育孩子这件事情上,我们可以向他人"取经",了解那些已经成功上岸的家长是如何教育出好学、乐学孩子的。

清华北大学子家长的回信或许就是我们要求取的"真经"。

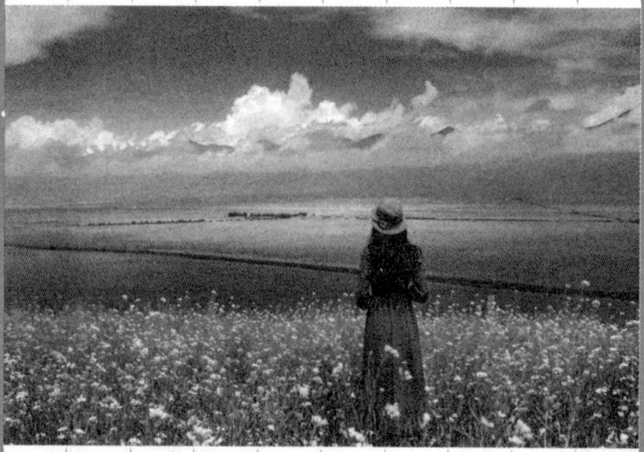

家长回信四

逆袭之路充满汗水与泪水

> 每个人都可能会有一段生命中的黯淡时光，当你遇到学习的挫折或是人生的低谷，绝地反击、完美逆袭的路上充满汗水和泪水，幸好，有了父母的陪伴，让我们并不孤单。

亲爱的孩子：

你好！

收到你的信，爸爸妈妈百感交集。我们首先要说的是：你从降生到这个世界，一直都是爸爸妈妈的小天使。无论优秀还是普通，无论伟大还是平凡，爸爸妈妈只希望你能走在自己选择的路上，活成自己想要的样子。

不记得哪位作家曾经对自己的孩子说过:"我希望你将来会拥有选择的权利,选择有意义、有时间的工作,而不是被迫谋生。当你的工作在你心中有意义,你就有成就感。当你的工作给你时间,不剥夺你的生活,你就有尊严。成就感和尊严,给你快乐。"你现在上了大学,要逐步地去考虑自己的职业规划,我们对你有同样的企盼。

我们并不要求你以后赚多少钱、获得多高的地位,我们只希望你能做自己喜欢的事,做有意义的工作,拥有选择的权利,获得高质量的快乐。

以后不论你经历了什么挫折,经历过什么痛苦,你都始终要记住,爸爸妈妈对你的爱是无条件的,爸妈是能支持你到最后一刻的人。不管你成绩好还是不好,不管你将来成为国家栋梁还是默默无闻的普通人。你要记住,成绩好会让爸爸妈妈更开心,但成绩不好爸爸妈妈对你的爱也不会少一分。

爸爸妈妈从来都不想逼你做什么事情。小学时你成绩不好,但是你自己并不在意,所以我们也不强求你一定有一个好成绩。我们更希望你有一个轻松、快乐的童年。但我们逐渐发现,你在和小朋友们的相处中,会不自觉地比较,会时不时在同学们谈论起成绩时变得沉默寡言,你变得没有当初那么单纯、那么自信。有的时候小朋友玩游戏时你甚至会躲在一旁不敢上前,这是我们不愿见的。我们希望你乐观、阳

此时的逆袭更像是一种符号，一种标志着奋斗与执着的符号。

光、自信,而不是自卑、畏缩、胆怯。还记得有次考试,你考得不是很理想,我们能看出你心中的自责和羞愧。你的自觉让我们有说不出的心疼。

爸爸妈妈下定决心要陪你提高成绩,重拾信心。

和你讨论时,我们看到你的眼里有光,你重燃了希望。于是爸爸妈妈用尽全力帮助你提升成绩,陪着你支持你。我们没有想到,小小的你却下定了大大的决心,那一隅书桌,竟让你搭成全力以赴的舞台。你坚持苦学,最终在期末考试中取得好成绩,拿到了你梦寐以求的奖状。此时的奖状已不仅仅是奖状,更是对你的高度肯定。看见你灿烂的笑容,爸爸妈妈从心底为你感到开心,你通过自己的努力实现了成绩的巨大提升。接下来的几年,你一直保持着努力的惯性。此时的逆袭更像是一种符号,一种标志着奋斗与执着的符号。你的成绩也一直在稳步提升,你也不再有成绩不好而不自信的困扰。

此后过了很多年,你一直是班里的佼佼者。从小学,到初中,再到高中。爸爸妈妈一直都没有在你的学习上太费心,你也习惯了在考试之后将奖状拿回家。但后来有一次,你的成绩退步得不可思议。事实上在那次"崩塌"之前,我们就已经看出了端倪。你那段时间总是很疲惫,我们担心你出了什么事,和你谈话时你却说没什么事,但你的表情很心虚,目光躲闪。我们与你讲道理,谈心无旁骛,谈决心意志。很高兴你听进去了，我们也就没有深究你把精力花在了什么上面。很开心你今天告诉了我们当初的缘由，爸爸妈妈庆幸，你能"快刀斩乱麻"，让错误不再延续。爸爸妈妈相信你是一个好孩子，只要你下定决心要做的事情就一定能做好。

成绩不好时，你挫败，不自信，怀疑自己的能力。但你经受了处在舞台边缘的被忽视，这让你不会自高自大以自我为中心。努力后成绩有所提升时，你的内心得到了巨大的满足，付出之后得到了回报，这让你的意志更加坚韧。但成绩稳定时，你放松了对自己的要求，我们既担心又难过，幸好你能及时自拔，明白奋斗应该是人生的常态，学如逆水行舟，不进则退。

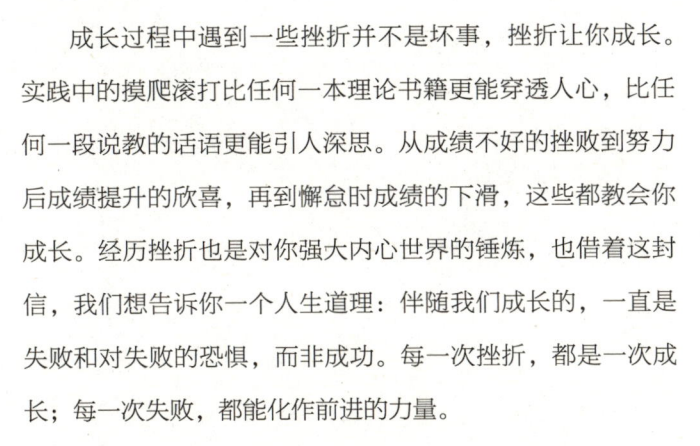

成长过程中遇到一些挫折并不是坏事，挫折让你成长。实践中的摸爬滚打比任何一本理论书籍更能穿透人心，比任何一段说教的话语更引人深思。从成绩不好的挫败到努力后成绩提升的欣喜，再到懈怠时成绩的下滑，这些都教会你成长。经历挫折也是对你强大内心世界的锤炼，也借着这封信，我们想告诉你一个人生道理：伴随我们成长的，一直是失败和对失败的恐惧，而非成功。每一次挫折，都是一次成长；每一次失败，都能化作前进的力量。

戏剧化的逆袭过程看似光鲜亮丽，实则背后的汗水与泪水，只有你自己知道。爸爸妈妈并非一定要你成绩优秀，爸爸妈妈只是希望你将来能过得更好更快乐。但是只要你想走

> 实践中的摸爬滚打比任何一本理论书籍更能穿透人心，比任何一段说教的话语更能引人深思。

学习的秘密

得更远,爸爸妈妈一定无条件支持你,做你坚强的后盾。如果有一天你累了,爸爸妈妈也会是你永远的避风港,护你助你。

爱你的爸爸妈妈

家长回信五

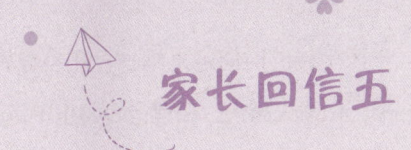

不断调试，适度教育

> 总有一些话，让孩子难以启齿；总有一些事，是孩子想独自面对。孩子急于摆脱老师和家长，但内心的不成熟却也总是让苦闷的情绪找不到出口，这时候，温暖又保持距离无疑是让孩子最舒服的状态。

亲爱的孩子：

你好！

爸爸妈妈收到你的信，很开心也很感动，开心于有机会和你沟通，感动于你的懂事和理解。

爸爸妈妈一直很关心你的学习生活。但随着你的成长，在

> 爸爸妈妈希望你快乐，但不希望你庸碌、欺骗。

学校里待的时间越来越长，和爸爸妈妈在一起的时间越来越短。你越来越大，和爸爸妈妈也不再事事分享。但我们依然很关心你，想知道你的开心与不开心，想让你没有任何负担的专心读书。但爸爸妈妈更希望你自己能敞开心扉，主动和父母老师沟通，获得建议和指导，和同学交流，收获友谊共同进步。人是社会动物，只有与外界积极沟通才能更好地生存发展。

与许多孩子一样，你小学时有些贪玩，注意力从来难以集中在学习上。爸爸妈妈也想让你多一些日后回忆，想让你充分释放天性、无忧无虑地度过童年。所以我们并没有把你关在屋里学习。我们很开心看到你对周围的一切都很感兴趣，看着你兴致勃勃地观察一只蚂蚁，看着你欣喜地比较两片树叶的不同，看着你蹲在孩子堆旁边看他们比赛陀螺。爸爸妈妈也希望你能带着这份热情到学习中去，用探索自然世界的热情解决学习上的难题，而不是每天被老师父母用小鞭子鞭打着前进。一旦拥有了学习的主动性，知识的大门就向你敞开了，你就会沉迷于知识的海洋中，积极探索发现新的领域。

但是，我们没有想到过度的放养会让你玩到不写作业，甚至编谎言蒙混过关。我们和老师沟通以后才知道你心里的小恶魔开始蠢蠢欲动，我们理解小孩子贪玩，但我们更想让你明白诚信的重要性，想让你从小培养良好的人生态度。"诚信乃立身之本"，诚信是你以后在这个社会上的通行证。爸爸妈妈希望你快乐，但不希望你庸碌、欺骗。所幸和你谈过之之前的种种纠结别扭,其实都是我们没有把你当作一个独立的个体看待所致。

后,懂事的你积极进行自我调整。

你的热情和好奇虽然不减,但你总会早早写完作业,学得踏实,玩得开心。我们对你的进步十分欣喜,也很庆幸及早引导你改正错误。看着你心无旁骛地学习,爸爸妈妈感到踏实和满足。

我们一直保持着及时而有效的家校沟通,知道你的每一分进步,也知道你面临的每一次挑战。通过与老师定期的微信电话交流,我们知道你成绩的进与退、情绪的变动。但我们也不会过多地干涉你的行为,我们所期盼的,是你在一个人独行的时候能遇事冷静,而不是事事依靠父母。我们也相信你有分析问题、解决问题的能力。你要逐渐学会从纷繁错杂的形势中找到问题的根本,选择相对合理的方法解决问题。只有我们认为不得不插手时,我们才会给予你建议,帮你一把。

我们有时候会害怕给你太多的压力、有时候又会担心年轻的你不知道身上的责任而浪费了大好青春。我们希望你有快乐的成长时光,也希望你能经历锤炼打磨并收获经验,来抵御未来的艰难险阻。所以我们的告诫总是小心翼翼、左右为难。你可能有时候会迷惑于父母标准的反复无常,这归根到底还是出于我们心中的纠结和两难。

高考之后,你离开我们的羽翼,来到大学去探索自己的世界。与你长时间的分离令我们对你的思念日益深切,但也令我们的思想更加通透:之前的种种纠结别扭,其实都是我们没有把你当作一个独立的个体看待所致。看到你上大学后成熟地处理问题，我们恍然发觉，你已经有了人生的方向，之前我们加给你的框架和所谓监视已经统统没有了必要。你只需要按照自己所爱去把握生活即可。

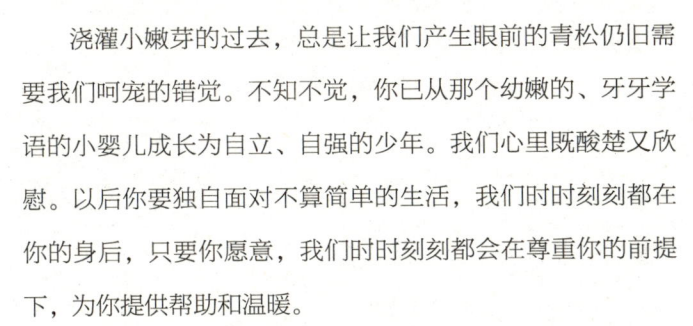

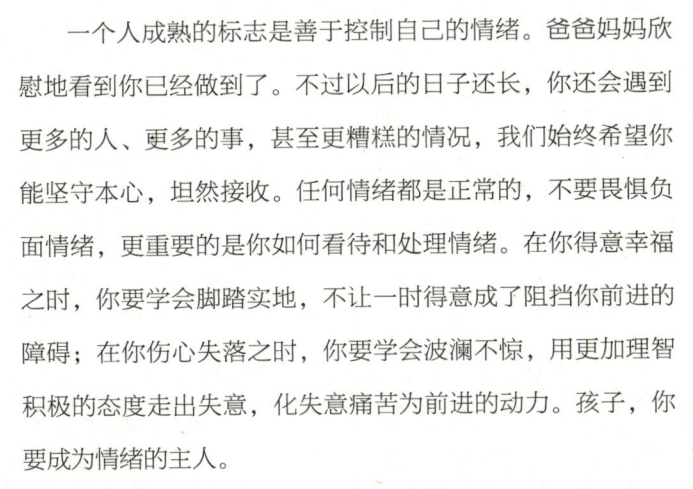

浇灌小嫩芽的过去，总是让我们产生眼前的青松仍旧需要我们呵宠的错觉。不知不觉，你已从那个幼嫩的、牙牙学语的小婴儿成长为自立、自强的少年。我们心里既酸楚又欣慰。以后你要独自面对不算简单的生活，我们时时刻刻都在你的身后，只要你愿意，我们时时刻刻都会在尊重你的前提下，为你提供帮助和温暖。

一个人成熟的标志是善于控制自己的情绪。爸爸妈妈欣慰地看到你已经做到了。不过以后的日子还长，你还会遇到更多的人、更多的事，甚至更糟糕的情况，我们始终希望你能坚守本心，坦然接收。任何情绪都是正常的，不要畏惧负面情绪，更重要的是你如何看待和处理情绪。在你得意幸福之时，你要学会脚踏实地，不让一时得意成了阻挡你前进的障碍；在你伤心失落之时，你要学会波澜不惊，用更加理智积极的态度走出失意，化失意痛苦为前进的动力。孩子，你要成为情绪的主人。

爸爸妈妈是第一次当父母，所以也一直在学习的路上，就像我们的沟通一样，从无到有，从过度到适度，我们不断调整，希望能找到一个最有助于你成长的平衡点。对于现阶

> 我们不断调整，希望能找到一个最有助于你成长的平衡点。

段的你来讲,家庭和学校是成长的重要地点,我们希望二者相辅相成,都能给到你足够的支持。你放心地去闯吧,无论何时,家永远是你的港湾。

爱你的爸爸妈妈

家长回信六

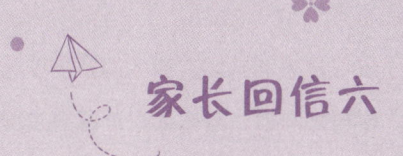

关于家庭教育的反思

> 年少无知、年轻气盛……其实,撕掉孩子们身上的标签往往需要的是父母的正确引导。如何帮助自己的孩子不骄不躁地坚定前行,值得每位家长深入思考。

给即将毕业的儿子:

非常意外收到你的信,我们的身体都好,你在外不用牵挂。转眼你即将毕业了,难得来信,我们在惊喜之余,也想跟你聊一聊。

回想到你在上学前班的时候,我们还曾为你的学习着急,你可是曾经逃过学的学生。记得有次,我和你爸接到你们班

> 我们一致认为，无论学习也好，做其他事情也好，都要有动力驱动，这点我们体会颇深。

主任打来的电话，让我们到学校一趟，我们心急火燎地到了学校才知道，原来你是逃课出去玩了。再细问才知道你原来是"跟风作案"，班上有一个爱逃课的学生，在他的带动下，一大半学生都开始逃课，老师才会大动干戈叫家长。回到家，我本来很生气，想好好教训你一顿，但被你爸拦下了。之后，我们考虑很久，因为怕小小的你再受别人影响，我们决定让你留级一年。这是一个很大的牺牲，因为你会比同龄人低一级，但可喜的是，后来的班级里有几个十分爱学习的同学，受他们的影响，你也变得不那么调皮，也开始静心读书。这件事你也曾埋怨我们，但其中"近朱者赤"和"环境影响人"这两点在我们看来却是非常重要的。

　　正式进入学习期，我们希望给你创造良好的学习环境，在家里，我们精心布置了一个小书房，希望你拥有一个安静、舒适的学习环境。除此之外，我们希望你能利用好时间，我们知道孩子活泼好动是天性，一开始我们努力地磨你的性子、监督你，有时候你也会嫌我们烦。但懂事了之后，你学会了自己监督自己，自己安排时间，我们欣喜于你养成了自律的好习惯。有时候我们看着在台灯下刻苦读书的你、清晨捧书大声朗读的你，虽然我们表面上无动于衷，但内心的喜悦和欣慰确是难以言表的。孩子，是你的自律成就了你的大学梦。

　　我们一致认为，无论学习也好，做其他事情也好，都要有动力驱动，这点我们体会颇深。因为我们工作也会有特别累的时候，但是一旦想到工作是为了家庭、为了你，我们就不觉得辛苦，你也一样需要一些目标和激励，当然除了棒棒糖，我们肯定还给过你其他的激励。

我们其实很难一直盯着你的学习，但我们非常关注学习的关键节点。比如你小升初的学科衔接，我们怕你到了一个陌生的环境会不适应，便请了你一直仰慕的表哥回来跟你聊天谈心，我们知道对于那时候的你来说，你欣赏的大哥哥的说服力肯定是大于我们的。至于具体的学习方法，我们相信表哥也是能够帮助到你的。另一个关键点则是你高考冲刺阶段，那个时候你自己已经有特别大的压力了，因此我们不敢再给你施加压力，而是希望给予你更多的理解和支持。当然最后你也非常争气，考上了清华大学，这让我们很骄傲，但同时我们也必须指出你的不足，尤其是在你高考后那段时间，你放松了自己，觉得高考完就不用学习了，于是，没有为大学学习而提前准备，因此希望你一定要警醒自己，要戒骄戒躁，不断奋斗和努力。

看了你的信，我们很感动，但是在学习方面，你更要感谢曾经教授过你的老师们，很多时候，我们其实也都是在配合老师的教学工作，我们也是从老师的口中了解到你的学习状态和效率，通过老师的反馈，我们才能针对你的表现做出相应的教育调整，如果没有老师的帮助和关心，可想而知会是怎样的结果。因此，我们希望你铭记师恩、校恩。

> 我们也常常在反思,在过往对你的培养和教育中,是否有疏忽之处。

你已经踏入大学校门,这几年大学所经历的辛苦,我们也心中有数。所幸的是,没人督促的日子,我们仍旧能看出你身上保留的自律习惯,我们甚是欣慰。现在你即将大学毕业,在社会中闯荡、拼搏,我们也少不得嘱咐你几句:长久的坚持和明智的选择同等重要。我们希望你在选择人生前进方向的时候,务必慎之又慎。坚持用自己的双眼观察世界,不盲从,保持正直的同时学会保护自己,这是我们对你的殷殷期盼。

但我们其实也是有遗憾的,就是在你的培养中,没有太注意素质教育的内容。为什么这么说呢?其实我们知道你对自己的要求很高,压力也很大,但是总爱憋在心里,你愿意跟我们说的也是有限的,你需要通过其他的渠道进行排解,那么可能音乐、画画等爱好或许能够帮助到你,但很遗憾我们忽视了这一点。高效学习除了刻苦用功外,如果有一些美育的部分,我们相信无论你是在学习中,还是在社会上,都会受益良多。

我们也常常在反思,在过往对你的培养和教育中,是否有疏忽之处。儿子,我们希望你在今后的人生中,要养成锻炼身体的习惯,正所谓"身体是革命的本钱",保持良好身体状态的重要性不言而喻。我们希望你多交良师益友。你要进步,除了自己刻苦用功外,还需要虚心向他人学习,尤其是那些优秀的成功的同学,他们都可以成为你的榜样。

坚持用自己的双眼观察世界，不盲从，
保持正直的同时学会保护自己，这是
我们对你的殷殷期盼。

你已经离家八年多了，没有让我们操心过，我们也知道你在外面肯定也遇到过困难，却总是报喜不报忧，我们希望你今后的路途也能顺顺利利的，但如果有难以抉择的时候，可以跟爸爸妈妈说，我们可能给不了你多么专业的建议，但多个人分担你的忧思，总好过你孤军奋战。儿子，希望你永远保持一种乐观向上的精神和态度，不要畏难，不要骄傲，虚心学习，不断进步，相信你一定能够达成自己的目标。

爱你的爸妈